모두에게 따스한
세상을 위해

모두에게 따스한 세상을 위해

김원석 글 | 유기훈 그림
처음 찍은날 | 2017년 6월 9일
처음 펴낸날 | 2017년 6월 16일
펴낸이 | 정세민
펴낸곳 | (주)크레용하우스
출판등록 | 제5-80호
주소 | 서울 광진구 천호대로 709-9
전화 | (02)3436-1711
팩스 | (02)3436-1410
홈페이지 | www.crayonhouse.co.kr
이메일 | crayon@crayonhouse.co.kr

글 ⓒ 김원석 2017
이 책에 실린 글과 그림은 무단 전재 및 무단 복제할 수 없습니다.

ISBN 978-89-5547-516-6   73810

이 도서의 국립중앙도서관 출판시도서목록(CIP)은 서지정보유통지원시스템 홈페이지(http://seoji.nl.go.kr)와
국가자료공동목록시스템(http://www.nl.go.kr/kolisnet)에서 이용하실 수 있습니다.(CIP제어번호: CIP2017012526)

모두에게 따스한
세상을 위해

김원석 글 | 유기훈 그림

크레용하우스

■ **작가의 말**

부주의한 말 한마디가 싸움의 불씨가 되고
잔인한 말 한마디가 삶을 파괴합니다.
쓰디쓴 말 한마디가 증오의 씨를 뿌리고
무례한 말 한마디가 사랑의 불을 끕니다.
은혜스런 말 한마디가 길을 평탄하게 하고
즐거운 말 한마디가 하루를 빛나게 합니다.
때에 따라 맞는 말 한마디가 긴장을 풀어 주고
사랑의 말 한마디가 축복을 줍니다.

김수환 추기경님 방문 앞에 붙어 있던 〈말 한마디〉라는 시입니다. 이 시를 오가며 눈으로만 보던 때가 있었습니다. 그런데 추기경님이 돌아가시고 다시 이 시를 보았을 때 그냥 글자로만 보이지 않았습니다. 같은 시인데 다르게 보였습니다.

추기경님이 지구별에서 떠나신 지 8년. 저는 까마귀 고기를 먹었는지 이 시를 까맣게 잊고 있다가 추기경님에 대한 글을 쓰려고 하니 생각이 나서 다시 펴 보았습니다. 정말이지 나는 물론이고, 사람들이 이 시를 하루에 한 번이라도 보고 마음에 담았다면 요즘 같은 부끄러운 일이 벌어졌을까요?

정말이지 요즘은 어른이 싫습니다. 어른이 된 것이 아니, 할아버지가 된 것이 부끄러워서 못 살겠습니다. 특히 어린이 여러분에

게 더욱 부끄럽습니다. 여러분은 어른이 되면 지금 이 땅의 어른들처럼 이상한 일을 저지르지 않아야 합니다.

'인성'은 집에서, 학교에서, 사회에서 자연스럽게 터득하는 것입니다. 그런데 조바심이 난 어른들이 책으로 묶어 요즘 서점에 가면 '인성'을 주제로 한 책이 많이 나와 있습니다. 자칫 잘못하면 눈으로만 '인성'을 이해하게 되기 쉽습니다. '지식'은 아는 것이고, '지혜'는 아는 것을 실천하는 것이라고 합니다. 알기만 해서는 안 되고, 스스로 실천해야 하는 것이지요.

이 책에는 김수환 추기경님의 이야기를 묶었습니다. 이 책이 여러분의 인성을 잘 닦고 인성에 물들게 했으면 합니다. "고치지 못하는 병일수록 약이 많다."라는 말처럼 인성이 바른 아이로 키우기 위해 인성에 대한 책만 많아지는 그런 현상이 오면 안 된다고 생각합니다.

여러분도 추기경님 방 앞에 붙어 있던 〈말 한마디〉를 가슴에 새겼으면 합니다.

2017년 예수 성심 성월
자근방에서 김원석

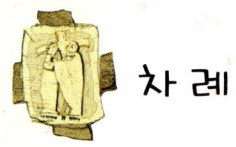 차 례

영광의 상처   8

신앙심 깊은 어머니   16

신부가 되기 싫어   25

조그만 카누로 탈출   43

그리운 조국으로   57

여인에게 청혼을 받고   68

올챙이 신부가 되어   76

내 무릎에서 눈을 감은 어머니   90

독일 유학	99
주교가 되어 마산교구로	107
서울대교구 교구장에	120
가장 어린 추기경	127
가난한 사람들과 함께	135

부록
김수환 추기경의 못다 한 이야기   143

영광의 상처

나는 1922년 7월 2일 대구 남산동에서 5남 3녀 중 막내아들로 태어났다. 우리 식구는 가난해서 하루 세 끼 밥을 챙겨 먹는다는 건 생각도 못했다.

'우리 집은 왜 가난할까? 다른 아이들은 모두 점심을 먹는데 왜 나만 굶어야 하는 거지?'

배가 고파도 점심 먹는 아이들을 부러워한 적은 없었다. 이 세상에서 내가 가장 사랑하는 어머니와 나를 아껴주는 형이 있기 때문이다. 든든한 가족이 있으니 가난쯤은 문제되지 않았다.

우리 집안은 할아버지 때부터 천주교를 믿었다. 할아버지 성함은 김보현이고, 세례명*은 요한이다. 그때 나라에서는 강제로 국민들이 천주교를 믿지 못하게 했다. 그래서 순교**하는 사람들이 생겨났다. 할아버지도 1868년 큰 천주교 박해 중 하나인 무진박해 때 충청남도 연산에서 붙잡혀 서울에서 순교했다.

그 바람에 아버지 김영석(요셉)은 피난길에서 태어났다. 아버지는 천주교를 몰래 전파하고 다니느라 산속에서 옹기 굽는 일을 했다. 옹기를 짊어지고 다니며 팔고, 그 돈으로 먹고살았다. 그러다 대구에서 어머니 서중하(마르티나)를 만나 결혼했다.

어린 시절 경북 선산에 산 적이 있다. 우리 집 가까이에는 일본 아이들이 다니는 소학교(지금의 초등학교)가 있었다. 그때 웃기지만 항일 운동을 한 적이 있다. 항일 운동이라니까 일본과 맞선 것 같지만 사실은 동네에서 일어

---

* 천주교 신자가 되는 예식인 세례 때에 붙는 이름. 성경에 나오는 인물이나 성덕이 뛰어난 사람으로 선포한 성인의 이름을 붙인다.
** 자기가 믿는 신앙을 끝까지 지키기 위해 목숨을 바치는 일.

난 조그만 싸움이었다.

나의 친형인 동한이 형과 소학교에 다니는 일본 아이들 사이에 싸움이 벌어졌다. 나는 혼자 싸우는 동한이 형을 도우려고 싸움판에 끼어들었다. 하지만 싸움판에 끼어들자마자 '딱!' 소리와 함께 눈에서 번갯불이 번쩍했다.

"으악!"

나는 죽는다고 소리를 질렀다. 일본 아이가 던진 돌에 이마를 정통으로 맞은 것이다. 그때 생긴 흉터가 오래도록 남았다.

"이 흉터야말로 항일 운동을 하다가 얻은 영광스러운 상처지."

나는 사람들에게 가끔 흉터를 내보이며 우스갯소리를 했다.

다섯 살이 되던 해 우리 가족은 경북 선산에서 경북 군위로 이사를 가게 되었다. 커다란 고개를 넘어 군위로 갔던 기억이 아직도 생생하다. 지금까지 생생한 걸 보면 아마 어린 나이였음에도 정든 동네를 떠나는 것이 그렇게나 아쉬웠던 모양이다.

군위에서 석양이 지는 고갯마루에 오르면 온 마을이 한눈에 들어왔다. 나는 가끔 붉게 물든 서쪽 하늘 끝자락에 매달린 해가 서산 너머 잠자러 가는 모습을 하염없이 바라보곤 했다.

'저 고개 너머에 고향이 있는데……'

그때마다 가난으로 인해 이사를 자주 다녀 선명하지 않지만 아련하게 남은 고향에 대한 생각이 나곤 했다.

아버지는 충청도 토박이였다. 그리고 동네 사람들 싸움을 잘 말리고, 바둑과 장기 두는 걸 좋아했다. 그런 아버지는 내가 보통학교* 1학년 때 기침을 심하게 하는 병인 해수병에 걸려 돌아가셨다.

"주여, 망자를 청국으로 보내 주소서……."

어머니는 아버지를 청국에 보내 달라고 열심히 연도**를 바쳤다. 그때 어머니의 간절한 목소리는 아직도 귓가에 생생하다.

나는 아무리 생각해도 어머니 연도에 나오는 청국이 어디인지 알 수 없었다. 그즈음 읍내에서 장사하는 사람들 가운데 청나라 사람이 있었다. 나는 그 사람을 떠올리고는 청국이 청나라일 것이라고 추측했다. 하지만 그렇게 생각하면서도 왜 어머니는 돌아가신 아버지를 많은 나라 중에 하필이면 청나라로 보내 달라고 저렇게나 간절히 연도하는 걸까 항상 궁금했다.

나는 나중에서야 어머니의 연도에 나오는 청국은 청나라가 아니라 하늘나라 즉 천국이라는 것을 알고 머쓱했

---

* 일제 강점기에 우리나라 사람들에게 초등 교육을 하던 학교. 처음에는 4년제였으나 6년제로 바뀌었다.
** 죽은 사람의 영혼이 천국에 들어가기 전에 남은 죄를 씻으려 불로써 단련받는 곳인 연옥에 있는 이를 위하여 하는 기도.

다. 내가 잘못 알아들은 것이다.

　아버지와 어머니는 나를 '순한'이라고 불렀다. 그래서 어렸을 때 나는 내 이름이 '착하고 순하라'고 순한인 줄 알았다. 그런데 시간이 흘러 호적을 떼어 보고 나서야 내 이름이 '수환'이라는 사실을 알게 되었다. 호적을 정리하는 사람이 잘못 받아 적은 것이다. 당시에는 그런 실수가 종종 있었다.

　나보다 세 살이 많은 동한이 형 말고 다른 형들과 누나들은 돈을 벌기 위해 멀리 떠나서 살았다. 내가 어릴 때 결혼한 누나도 있었다. 그래서인지 가족임에도 어색했다. 동한이 형과 어머니가 나의 전부였다.

　내가 사는 동안 가장 가깝고 친하게 지낸 사람을 꼽으라면 생각할 것도 없이 동한이 형이다. 형이 보통학교 4학년을 마치고 소신학교*에 갈 때까지 단 한 번도 형과 떨어진 적이 없었으니 말이다.

---

* 대신학교(사제의 양성을 목적으로 하는 가톨릭의 최고 학부에 속하며 수도원과 같은 엄격한 생활을 하는 곳)에 진학하기 위한 준비 과정의 학교.

동한이 형은 나보다 먼저 신부가 되었다. 신부가 된 형은 결핵 환자를 돌보았다. 그리고 내가 추기경이 되자 행여나 나에게 피해를 줄까 염려가 되어 일부러 나를 피해 다녔다. 한마디로 나의 형이자 김동한(가롤로) 신부는 사람을 사랑하다가 일생을 마친 참 좋은 사람이다.

신앙심 깊은 어머니

어머니는 학교에 다니지 않아 자기 이름과 하늘 천(天), 땅 지(地) 정도밖에 글을 알지 못했다. 그리고 생의 대부분을 가난한 살림살이에 옹기와 포목*을 머리에 이거나 짊어지고 팔러 다녔다.

어머니는 올곧은 신앙심을 가진 여장부였다. 나는 그런 어머니에게 성인**들의 이야기를 들으며 신앙심을 키웠다. 그러면서 자연스럽게 사람으로서 지켜야 할 기본 도리도

---
* 베와 무명을 아우르는 말.
** 교회에서 일정한 의식에 의하여 성덕이 뛰어나다고 선포한 사람.

배울 수 있었다.

성품이 곧은 어머니는 자녀 교육에 아주 엄격했다. 자녀가 조금이라도 잘못하면 엄하게 나무랐다.

"남에게 '아비 없는 자식'이라는 소리를 절대로 들어서는 안 된다!"

특히나 아버지가 돌아가시고부터는 더 심해졌다. 그런 어머니가 남매들 중 내게는 더 많은 사랑을 쏟았다. 아마도 아버지가 없는데다가 막내아들이어서 그랬던 것 같다. 좋은 음식이 생기면 유독 나에게 더 먹이려고 애썼다. 나는 어머니의 이런 모습을 아주 싫어했다. 어머니와 형에게 미안했기 때문이다.

어느 여름이었다. 어머니는 과일이 몸에 좋다며 형이 없는 틈을 타서 나에게만 잔뜩 주었다. 나는 어머니와 형이 마음에 걸려서 도저히 혼자 먹을 수가 없었다. 그래서 꾀를 냈다.

"어머니, 저는 과일을 먹으면 자꾸 배탈이 나요."

나는 어머니께 거짓말하고 한동안 과일을 입에 대지 않을 수 있었다.

동한이 형이 소신학교에 간 뒤에는 나와 어머니 단둘이 살았다. 매일 밤이 되면 어머니는 한두 시간씩 기도했다. 그리고 가난해서 셋방살이를 하거나 초가삼간에 살아도 어머니는 꼭 봄과 가을 두 차례 공소*를 열고 신부님을 집에 모셨다.

공소가 있는 동네에 신부님이 오면 돼지를 잡거나 떡을 하고, 빈대떡을 부치는 등 잔칫날처럼 기름 냄새가 풍기고 온 마을이 떠들썩했다.

지금은 누구나 도배를 하고 살지만 그때는 먹고사는 것이 어려워 깨끗하게 도배를 하고 사는 집이 아주 드물었다. 하지만 어머니는 신부님이 방문하실 집은 깨끗해야 한다며 항상 도배를 했다. 우리 집은 마을에서 도배를 한 유일한 집이었다. 정말이지 신부님 방문은 임금님 행차나 다름없었다.

"찬미 예수님."

신부님이 마을에 오면 어른 아이 할 것 없이 모두 땅에 엎드려 신부님께 인사했다.

---

* 신부님이 없는 아주 작은 가톨릭교회(천주교나 성당의 공식 명칭).

신부님 식사 때가 되면 보통 때는 구경도 못하던 반찬이 신부님 밥상 가득 올라왔다. 나중에 그것을 얻어먹는 재미가 쏠쏠했다. 어머니는 없는 살림에도 공소를 꼬박꼬박 열 정도로 믿음이 강했다.

내 어린 시절의 꿈은 돈을 많이 버는 상인이었다. 어머니에게는 한 번도 말하지 않았지만 나름대로 생각하고 또 생각해서 세운 계획도 있었다.

보통학교를 졸업하면 바로 읍내 상점에 취직해서 오륙 년 동안 장사를 배우는 거였다. 그런 뒤에 독립을 하고 스물다섯 살이 되면 장가를 가고 싶었다. 계획 중에서도 결혼에 대한 계획에 오래도록 미련이 남았다. 신부가 된 뒤에도 굴뚝에서 저녁밥 짓는 연기가 모락모락 피어오르는 집만 봐도 부러운 마음이 들었다.

내가 형과 함께 군위에 있는 보통학교에 다닐 때였다.

"너희는 커서 신부가 되거라."

대구에 있는 친정에 다녀온 어머니는 나와 형을 불러 앉히고는 엄숙하게 말했다.

이유를 묻지 않았지만 짐작하건대 어머니는 대구 시내에 있는 성당에서 사제*가 되는 장엄한 예식을 보고 감동을 받았던 모양이다.

형은 어머니 말에 따라 이듬해 대구에 있는 성유스티노 신학교 예비과(지금의 초등학교 5, 6학년 과정)로 옮겼다. 나도 이년 뒤에 형을 따라 성유스티노 신학교에 들어갔다. 그렇지만 나는 단순히 어머니 말을 따른 것이지 신부가 될 생각은 없었다.

나는 어머니에게 자상하기보다는 무뚝뚝한 아들이었다. 함께 길을 갈 때도 나는 앞서가고, 어머니는 뒤따라오곤 했다.

"수환아, 네 형하고 같이 걸으면 심심찮게 재미난 이야기도 들려주는데 너는 어찌 돌부처 같냐?"

가끔 어머니는 아무 말 않고 길만 가는 목석같은 나에게 불평하기도 했다.

결국 나는 어머니 뜻대로 신부가 되었다. 하지만 오래전에 약속한 인삼을 한 번 사 드린 게 어머니께 한 효도의

---

* 주교의 아래인 성직자. 의식과 전례를 맡아본다.

전부였다. 어렸을 때 나는 인삼을 달여 드리는 게 효도라고 생각했다. 그래서 어머니와 몇 번이나 약속했다.

"이다음에 서른 살쯤 되어 돈을 많이 벌면 인삼을 사 드릴게요."

스물다섯 살에 결혼해서 착실하게 돈을 벌면 그때쯤 어머니께 보약을 지어 드릴 형편이 충분히 될 거라고 생각했기 때문이다. 하지만 신부가 되고 나니 어림도 없었다. 마음에 걸렸지만 모른 척하고 있었다. 나 혼자만 그 약속의 시기를 조금 미룬 것이다.

"네가 서른 살이 되면 인삼을 사 준다더니, 그건 어찌 되었느냐?"

하지만 어머니는 그 약속을 용케 기억하고, 내가 서른 살이 되자 먼저 말을 꺼냈다. 그래서 쥐꼬리만 한 신부 월급을 톡톡 털어 인삼을 사 드렸다.

아마도 그때 어머니는 진짜 인삼을 먹고 싶어서가 아니라 내가 내 스스로 한 약속을 기억하고 있는지 궁금해서 물었던 것 같다. 어머니의 말에 나는 더 이상 머뭇거릴 수 없었다.

어머니는 내가 신학교에서 공부할 때나 전쟁터에 있을 때나 남산동 대구대교구* 교구청 안에 있는 성모당 앞에서 기도했다. 어머니의 기도가 없었다면 나는 전쟁터에서 살아 돌아오지 못하고 신부도 되지 못했을지 모른다.

나를 아끼고, 나를 사랑한 어머니는 1955년 3월 다급하게 자신을 부르는 막내아들의 무릎을 베고 조용히 눈을 감았다.

"어머니, 어머니!"

어머니가 하늘나라에서 단 오 분만이라도 나를 찾아와 준다면 야윈 어머니 다리를 주물러 드리고 싶다.

---

* 교구란 가톨릭교회를 지역적으로 구분하는 한 단위. 주교를 중심으로 하여 대주교구, 주교구가 있다.

신부가 되기 싫어

보통학교 5학년을 마칠 무렵 동한이 형처럼 대구에 있는 성유스티노 신학교에 진학하기로 했다. 어머니는 며칠 동안 대구에 있는 누나 집에 가서 나는 큰형인 달수 형과 단둘이 집에 있었다.

"밖에서 뭐 사 먹고 학교 가라."

달수 형은 밥 차려 줄 생각은 안 하고 나에게 오 전*을 내밀었다.

'이 돈을 보태면?'

---
* 우리나라의 옛 화폐 단위.

나는 액자 뒤에 감춰 두었던 십 전과 달수 형이 준 오 전을 주머니에 넣었다.

'어머니를 찾아가자.'

군위에서 대구까지는 130리(약 52킬로미터) 정도의 거리이다. 나는 그 길을 걸어 어머니에게 가기로 마음먹었다. 성유스티노 신학교로 가게 되면 기숙사 생활을 해야 하니 어머니를 자주 못 보게 될 것 같았기 때문이다. 어머니 얼굴을 조금이라도 더 보고 싶었다. 보통학교 5학년 학생이 혼자 걷기에 130리 길은 너무나도 먼 길이었지만 나는 마음을 굳게 먹고 길을 나섰다.

그때는 길에 자동차보다 마차가 많이 다녔다. 자동차는 어쩌다가 한 번 보는 귀한 것이었다. 나는 마차가 지나갈 때마다 신경을 곤두세우고 마차 안을 살폈다. 어머니는 가끔 마차를 타고 대구와 집을 오갔기 때문이다. 하지만 내가 본 마차에는 어머니가 없었다.

배가 고파서 오 전으로 떡을 사 먹었다. 그런데 배가 부르니 이제 다리가 아팠다. 어머니를 보고 싶은 마음에 참고 참았지만 더 이상 한 발자국도 내딛을 수 없었다.

그때 자동차가 흙먼지를 풀풀 날리며 다가왔다. 나는 두 손을 치켜들고 자동차를 세웠다.

"아저씨, 제가 대구에 가는 길인데요. 죄송하지만 십 전 만큼만 태워 주실 수 있을까요?"

운전하는 아저씨한테 십 전을 내보이면서 부탁했다.

아저씨는 10리 정도 가서 나를 내려 주었다. 나는 걷고 또 걸었다. 이제는 걷는 수밖에 없었다. 발가락에 물집이 잡혀 쓰리고 아팠다. 다행히도 해가 지기 전에 대구 시내에 있는 누나 집에 무사히 도착했다.

"엄마는 오늘 군위로 돌아가셨는데 네가 어찌 왔냐?"

아무 소식도 없이 막냇동생이 지친 모습으로 나타나자 누나는 깜짝 놀라며 물었다.

다음 날 어머니는 부리나케 누나 집으로 왔다. 나는 어머니와 함께 누나 집에서 머물다가 성유스티노 신학교로 전학했다. 어머니가 보고 싶은 마음에 혼자서 힘들게 걸은 길이 신학교로 가는 길이 되고 만 것이다.

성유스티노 신학교 예비과는 지금의 초등학교 5, 6학년 과정이다. 나는 보통학교에서 5학년을 마쳤는데도 입학시험 성적이 좋지 않았던지 5학년 과정부터 다시 배우게 되었다. 5학년으로 학교를 두 번 다닌 셈이다.

예비과 학생은 아침 일찍 일어나서 기도로 시작하는 하루를 보냈다. 또한 엄격한 규율을 지켜야 했다. 규율 속에서 지내본 적 없는 내가 학교생활에 재미를 붙일 리가 없었다. 게다가 기숙사는 난방 시설이 잘 안 되어 여름에는 아주 덥고, 겨울에는 아주 추웠다.

"아이, 차가워."

겨울이면 잠자리에 드는 게 고역 중에 고역이었다. 이불은 너무 차갑고 이불 속은 너무 추워 옷을 잔뜩 껴입고 누웠다가 그대로 곯아떨어지는 날이 많았다.

자다가 중간에 일어나 옷을 벗고 자지 못하는 날이면 땀을 많이 흘려 이불이 흥건히 젖기도 했다. 젖은 이불을 말리려 바깥에 널어 놓으면 날씨가 추워서 그대로 얼어 버렸다. 그런 날은 얼음 이불 속으로 들어가는 것이 더 큰 고역이었다.

정말이지 신학교가 지긋지긋하게 싫었다. 내가 원해서 들어온 신학교가 아니었기 때문에 더욱 정이 붙지 않았다. 그런데다 태어나서 처음으로 어머니와 떨어져 있자니 어머니가 몹시 보고 싶었다.

하루는 신학교에서 쫓겨나 집으로 돌아가고 싶어 꾀를 냈다. 학교 규정상 학생은 개인 돈을 모두 담당 신부님에게 맡겨 놓아야 했다. 만약 돈을 갖고 있다가 들키면 집으로 쫓겨났다. 나는 신학교에서 쫓겨날 수 있는 방법을 알고 있다는 생각에 설레였다.

어느 날 아침에 나는 일 전짜리 동전을 챙겼다.

"나를 집으로 보내 주렴, 일 전아!"

교실에 가서 자리에 앉자마자 동전을 어디에 놓아야 신부님 눈에 가장 잘 띌까 고민하다가 책상 위에 놓았다.

'이제 호랑이 신부님이 나를 부르시겠지? 당장 짐을 싸서 집에 가라고 호통을 치실 거야.'

생각만 해도 신나서 실없이 계속 웃었다. 그런데 참 이상한 일이었다. 밥을 먹고 돌아와도, 밖에서 운동을 하고 돌아와도, 공부를 마치고 돌아와도, 동전은 책상 위에 그대로 있었다. 그리고 신부님은 나를 부르지도 않았다.

"에잇!"

나는 일 전짜리 동전을 학교 담장 밖으로 냅다 던져 버렸다. 그렇게 동전을 가지고 부린 잔꾀는 실패로 돌아갔다.

시간이 지나도 나는 학교 공부에 도무지 재미를 붙이지 못했다. 그런데도 하느님은 내 발목을 꼭 잡고 놓아주지 않았다.

대구 성유스티노 신학교를 졸업하고 서울로 올라와 동성상업학교(지금의 서울 동성고등학교)에 진학했다. 그때 동성상업학교는 5년제로 일반 학생들이 배우는 상업학교인 갑조와 신부가 되려는 학생들이 다니는 소신학교인 을조로 나뉘어져 있었다.

2학년 때였다. 방학이 끝나고 학교로 돌아왔는데 무슨 까닭인지 다른 때보다 의욕이 더 떨어졌다. 이번에는 꾀병을 앓기로 마음먹었다. 아파서 누워 있는 학생에게 담임 신부님이 빵을 가져다주는 것을 여러 번 보았기 때문이다.

"신부님, 머리가 몹시 아파요."

담임 신부님에게 거짓말을 하고 기숙사에 누워 있었다. 하지만 어찌 된 일인지 아무리 기다려도 집에 가서 쉬다 오라는 말도 없고 빵도 주지 않았다. 게다가 밖에서 왁자지껄 떠드는 학생들 소리가 꾀병으로 누워 있는 '가짜 환

자'인 내 마음을 괴롭혔다. 차라리 나가서 뛰어놀고 싶었다. 왠지 꾀병도 실패한 것 같았다.

'할 수 없다. 다시 일어나서 공부해야지.'

마음을 고쳐먹었는데 옆에 있던 선배가 어디가 아프냐고 꼬치꼬치 캐물었다.

"그래? 너 그거 축농증이야."

난생처음 듣는 병명이지만 그럴듯한 병명을 들으니 다시 한 번 신부님께 꾀병을 부려 보고 싶었다.

"신부님, 축농증에 걸린 것 같습니다."

"너 축농증이 뭔지 알아?"

나는 선배에게 주워들은 증상을 그대로 말했다.

담임 신부님은 병원을 소개해 주며 진찰을 받으라고 했다. 그런데 이게 어찌 된 일인가. 진찰 결과 정말 내가 축농증에 걸렸다는 것이다. 그 바람에 수술을 받고 한 학기 동안 집에서 쉬게 되었다.

같은 학교에서 공부하는 동한이 형에게는 혼날까 봐 꾀병을 앓았다는 이야기는 하지 못했다. 꾀병이 진짜 병이 되긴 했지만……

3학년에 올라가서는 어느 정도 마음을 잡았다. 축농증 때문에 뒤처진 한 학기 공부를 만회하느라 책 읽는 시간이 많아졌다. 그러다 보니 자연스레 공부에 탄력이 붙었다. 그전에는 도서관에서 주로 소설을 골라 읽었는데 우연히 읽은 성인전*에서 새로운 재미를 찾았다. 성인전을 읽으면 읽을수록 뭔가 뜨거운 기운이 가슴속에서 솟아올랐다. 그리고 나의 내면을 들여다보게 되었다.

돈 보스코 성인과 소화 테레사 성녀 일대기를 그때 읽었다. 특히 소화 테레사 성녀 일대기는 소설에서 느껴 보지 못한 새로운 감동을 주었다. 내 마음에 변화가 일어났다. 성인전에서 영적 뜨거움을 느끼고, 하느님 사랑에 조금씩 눈을 뜨고 있었다. 나도 모르게 하느님께로 점점 기울고 있었던 것이다.

신앙적 순수함 때문인지 3학년 때는 '세심병'이란 걸 앓았다. 죄 같지도 않은 죄까지 꼬치꼬치 신부님에게 고백해야 마음이 편해지는 결벽증 같은 증세였다. 심지어

---

* 가톨릭 성인의 일대기를 쓴 책.

고해성사*를 보고 나오는데 미처 말씀드리지 못한 죄가 생각나서 되돌아가곤 했다.

"신부님, 아까 빠뜨린 죄가 있습니다."

이런 우스운 행동을 몇 번이나 되풀이했는지 모른다.

"너 자꾸 그러면 신부가 될 수 없다. 네 마음에 이리도 여유가 없는데 누구를 품을 수 있겠느냐."

그때 고해 신부님인 프랑스 공 신부님은 나를 수차례 타일렀다.

'나같이 부족한 사람도 다른 사람의 영혼을 구하는 신부가 될 자격이 있을까? 마음의 준비나 간절한 바람 없이 어머니에게 등 떠밀려 신학교에 오고, 어떻게 해서든지 집으로 돌아갈 생각만 했던 내가 어떻게 신부가 된단 말인가……'

세심병이 깊어지자 신부가 될 자격이 없다는 생각이 자꾸 머릿속을 맴돌았다. 그러던 어느 날, 나는 심호흡하고 공 신부님의 방문을 두드렸다.

"신부님, 저는 이제 신학교에서 나가겠습니다."

---

* 세례받은 신자가 지은 죄를 뉘우치고 신부를 통하여 하느님에게 고백하여 용서받는 일.

공 신부님께 정중하게 말씀드렸다. 공 신부님 강론* 중에 나오는 '도둑'이 되고 싶지 않았기 때문이다. 공 신부님은 언젠가 '착한 목자'의 비유를 들어 이렇게 말씀하신 적이 있다.

"성경에 있듯이 양 우리에 들어갈 때 문으로 들어가지 않고 울타리를 넘어가는 사람은 도둑이다. 도둑은 양을 훔쳐서 죽이려고 울타리를 넘는다. 하지만 목자는 문으로 들어간다. 너희 중에도 도둑 같은 마음을 갖고 신학교에 들어온 사람이 있을 것이다. 그런 녀석은 지금이라도 보따리를 싸는 게 낫다."

나는 신부님이 나에게 직접 이런 이야기를 꺼내는 게 어려워 강론 때 말씀하시는 거라고 생각했다. 그리고 신부가 될 생각도 없이 신학교에 들어간 나는 도둑이나 다를 게 없다는 생각이 들었다.

신부님은 신학교에서 나가겠다는 내 말에 아무 말씀 없이 한동안 나를 바라보았다. 그러고는 나지막하고 부드럽게 말씀하셨다.

---

* 교리(종교적인 원리나 이치)를 설명하여 신자를 가르침.

"신부는 자기가 되고 싶다고 되고, 되기 싫다고 안 되는 게 아니란다."

"저는 신부가 될 자격이 없는 것 같습니다."

"뭐라고 지껄이는 거야? 당장 나가!"

공 신부님은 내 말에 고함을 쳤다. 나는 깜짝 놀랐지만 나가라는 말이 너무 좋았다.

"어디로 나가라는 말씀이세요?"

"어디긴 어디야. 내 방에서 당장 나가란 말이야!"

나는 좋다가 말았다. 나가라고 하시기에 드디어 꿈에 그리던 집으로 가게 되는 줄 알았다. 그러나 한편으로는 청개구리처럼 여태껏 고생한 것이 아쉽다는 생각이 들기도 했다.

갑조 선생님은 을조 수업에 들어오면 신부님과 달리 3·1운동, 일제 식민 통치 만행 등 민족혼을 일깨워 주는 말씀을 자주 했다. 나는 그런 이야기를 들을 때면 피가 거꾸로 치솟았다. 그럴 때마다 그 피 끓는 마음을 일기장에 토해 놓곤 했다.

어느 날, 5학년 졸업반 수신(지금의 윤리) 과목 시험 시간이었다. 어처구니없게도 수업 시간에 배우지 않은 내용이 시험에 나왔다.

일본 천황이 조선 반도의 청소년에게 보내는
칙유*를 받은 황국 신민**으로서 그 소감을 써라.

조선 총독부가 황국 신민화 정책을 강화하려고 모든 학교에서 이런 시험을 보게끔 지시한 것이다. 문제를 본 순간 나는 민족적 자존심과 젊은 혈기의 반항심이 엇갈렸다. 시험을 치르는 한 시간 동안 꼼짝 않고 있다가 수업 종이 울리기 직전에 답안지에 이름을 쓰고 답을 썼다.

1. 나는 황국 신민이 아님.
2. 따라서 소감이 없음.

그때 나는 뭘 믿고 그런 배짱을 부렸는지 모르겠다.
다음 날, 교장 신부님이 아닌 교장 선생님이 나를 교장실로 불렀다. 그 교장 선생님은 초대 주미대사를 거쳐 국무총리, 부통령까지 지낸 장면 박사이다.

---
* 임금이 직접 말하거나 그 말을 적은 글.
** 일제 강점기에 천황이 다스리는 나라의 신하 된 백성이라 하여 일본이 자기 나라의 백성을 이르던 말.

"이거 네가 쓴 게 맞아?"

"네."

"어쩌려고 이런 답을 쓴 거야! 이게 알려지면 그날로 학교는 문을 닫아야 하고 너는 감옥에 간단 말이다. 어디 그뿐이야. 교회는 큰 박해를 받게 될지도 모른다는 걸 생각하지 못했느냐?"

교장 선생님은 내 따귀를 때렸다. 그리고 덧붙였다.

"너는 신부가 되면 안 되겠다."

그때 나는 맞아서 속상한 것보다 집으로 갈 수 있을지도 모른다는 생각에 기대되는 마음이 더 컸다. 곧 학교에서 퇴학 통지서가 오겠구나 했는데 아무 소식이 없었다.

'이번에도 틀렸구나.'

그러다 졸업을 두어 달쯤 남겨 두었을 때였다. 무세 주교님이 신학교를 방문했다. 나는 마당에서 서성거리다가 무세 주교님이 교장 선생님 방으로 바삐 들어가는 모습을 보았다.

'분명히 교장 선생님이 주교님께 나에 대한 이야기를 하시겠지. 그러면 정말 쫓겨나고 말 거야.'

아니나 다를까. 얼마 뒤에 주교님이 나를 불렀다. 각오를 단단히 하고 주교님께로 갔다.

"스테파노(김수환 세례명), 졸업하면 일본으로 가라. 거기서 공부를 더 하고 오너라."

일본 유학을 다녀오라는 주교님의 명령은 정말 뜻밖이었다. 아마도 교장 선생님이 주교님에게 나에 대해 좋게 말해 주었던 것 같다. 교장 선생님은 내 뺨을 때렸지만 한편으로는 '괜찮은 녀석인데'라고 생각한 게 아닌가 싶다.

조그만 카누로 탈출

1941년 4월, 나는 일본 상지대학으로 유학을 갔다. 유학생들은 보통 로마에 가서 공부했지만 일제 강점기 때 유학길이 막혀 일본으로 가게 되었다. 그리고 주교님은 일본 식민 통치가 쉽게 끝날 것 같지 않자 일본을 제대로 아는 신부가 있어야 한다고 생각한 것이었다.

일본으로 가는 배에는 징용*에 끌려가거나 막노동하러 가는 사람들이 대부분이었다. 그들은 보따리를 끼고 정든 고향을 떠나는 중이었다. 그런데 일본 선원들은 배에 탄

---

* 일제 강점기에 일본 제국주의자들이 조선 사람을 강제로 동원하여 부리던 일.

우리나라 사람들을 이유 없이 발로 차며 욕해 댔다. 나는 속이 부글부글 끓었지만 혼자서 속만 태웠지 어쩔 도리가 없었다.

일본에 도착하고 학교에 찾아갈 때까지 사람들이 길에서 불심 검문*을 받는 모습을 대여섯 번 보았다. 그런데 이상하게도 나는 불심 검문을 한 번도 받지 않았다. 아마도 나를 일본 사람으로 생각한 모양이었다. 심지어 일본 사람과 이야기하다가 "나는 조선 사람입니다."라고 말하면 한결같이 표정이 바뀌었다. 나는 사람들이 나를 일본 사람으로 보는 것이 무척 싫었다.

상지대학은 일본 도쿄에 있고, 1913년 예수회가 설립한 대학이다. 나는 철학을 전공하기 전에 예과**에서 이 년 동안 독일어를 공부했다.

어느 날 학교 운동장에서 일본인 교수가 나에게 말을 걸었다.

---
* 경찰관이 수상한 행동을 하거나 죄를 짓거나 지을 만한 사람을 정지시키고 질문하는 일. 주로 범인 체포, 범죄 예방, 정보 수집 등을 목적으로 행한다.
** 본과에 들어가기 위한 예비 과정.

"내가 겪은 한국 학생들은 좀 교활한 데가 있어."

그 말을 들은 나는 피가 끓어올랐다.

"교활하다고요? 한국은 지금 일본 식민 통치 아래 있습니다. 질 나쁜 일본 사람들이 한국 사람들을 이간질시키고 있지 않습니까?"

나는 그만 우리 민족의 울분을 터뜨리고 말았다. 아마도 내 말을 고등계* 형사가 들었다면 나는 곧장 끌려가 감옥에 갇혔을 것이다.

며칠 뒤 독일 사람인 게페르트 신부님이 나를 조용히 불러 말했다.

"엿들으려던 건 아닌데 지나가다 자네가 하는 이야기를 우연히 들었네. 자네 가슴속에 뜨거운 불덩이가 있더군. 잘못하면 그 불덩이에 데겠어. 그런 마음을 가지고는 신부가 될 수 없다네. 그 불덩이를 삭일 줄도 알아야지."

"신부님, 저는 신학생이지만 제가 민족을 위해 헌신할 기회가 생긴다면 주저 없이 달려갈 것입니다."

---

* 일제 강점기에 한국인의 독립운동 및 정치적·사상적 동향을 감시하고 탄압하는 일을 맡아보던 경찰 부서.

나는 게페르트 신부님께 마음에 담아 두었던 생각을 그대로 쏟아 냈다.

"그래? 내가 보기에 자네는 신부가 될 사람이네."

그날 이후로 게페르트 신부님은 내게 잊지 못할 영적 스승이 되었다. 하루는 내가 고독해 보였는지 나를 슬며시 불러 말을 건넸다.

"신부가 되면 고독하다네. 그 고독을 이겨 내는 좋은 방법은 자네만의 도서관을 꾸미는 걸세. 그러니 도스토옙스키 같은 유명한 작가의 고전을 많이 읽게."

게페르트 신부님의 그 말은 내게 강한 힘을 불어넣어 주었다. 기회가 되면 한국에 가서 일하고 싶다던 게페르트 신부님은 정말 1960년에 서강대학교를 설립하고 초대 이사장을 맡았다.

1944년 1월, 제2차 세계 대전으로 학업이 중단되고 학도병으로 끌려갈 때였다. 게페르트 신부님은 내 머리에 손을 얹고 소리 내어 울었다. 일본에 적개심을 가진 한국 신학생이 신부가 되겠다고 유학을 왔는데 일본 전쟁터에

끌려가게 되었으니 참으로 기막힌 일이 아닌가.

'누구를 위해 총을 쏘고, 또 누구를 위해 칼로 찌르며 싸운단 말인가?'

학도병 지원 압력이 점점 거세지자 나는 신학생들과 머리를 맞대고 작전을 짰다.

"피할 수 없는 일이면 차라리 일본이 주는 밥을 먹으면서 전술을 익히자. 그리고 중국으로 파병되면 그쪽에 있는 우리 독립군에 합류해서 일본군과 싸우자."

작전을 세웠다 해도 한국으로 가는 것보다 나은 건 없었다. 그래서 다시 '일본 탈출 대작전'을 세웠다. 한국에 가는 기차표를 사려는데 어찌 된 일인지 내 차례만 되면 표가 다 팔렸다는 것이 아닌가. 아마도 한국 사람이어서 표를 팔지 않는 것 같았다.

할 수 없이 함경북도 청진 방향으로 가는 배표를 구했다. 청진을 거쳐 덕원 신학교로 갈 생각이었다. 그런데 어렵게 배표를 구해 놓고 얼마 후 독감에 걸려 나는 배를 탈 수 없게 되었다.

그즈음 형사들이 청진 부두에 머물면서 학생들을 잡아

강제로 지원 입대를 시킨다는 소문이 돌았다. 같이 배를 타기로 했던 친구가 먼저 배에 타게 됐다. 만일 청진에 내려서 강제로 지원 입대하게 되면 '지원했다'라고 전보를 쳐 주기로 약속했다.

얼마 뒤에 그 친구에게서 '지원했다. 덕원으로 간다.'라고 전보가 왔다. 그런데 강제로 지원 입대했다는 것인지 덕원 신학교로 간다는 것인지 도무지 알 수가 없었다.

그 친구는 강제로 징집되어 지원서를 쓰고 독립군으로 넘어가려고 했었다고 나중에 나에게 이야기해 주었다. 그런데 계획대로 못하고 형사들에게 붙잡혀 감옥에 갇혔다고 했다.

1944년 나는 마침내 학도병으로 입대했다. 그리고 일본 마츠모토라는 곳에서 훈련을 받았다. 고된 훈련이 계속되었다. 잠이 부족하고 배가 고파 배부르게 실컷 먹고 허리가 아플 때까지 실컷 자는 게 소원이었다.

나는 입바른 소리를 잘하는 편인데 훈련소에서 그 성격이 불거졌다. 훈련을 받던 어느 날 고참 상사가 나와 친구들을 부르더니 허심탄회한 이야기를 하자고 했다. 그리고 우리가 마음 놓고 이야기할 수 있는 분위기를 만들어 주었다. 나는 고지식하게 한국인 차별에 대한 부당성을 이야기했다. 아니나 다를까 언제나 훈련 점수가 2등이었던 나는 그날 이후로 꼴찌를 겨우 면했고, 사관후보생 자격시험을 볼 수 있는 기회도 빼앗겼다.

훈련을 마치고 기차에 몸을 실었다. 차창 커튼이 모두 내려져 있어서 어디로 가는지 도무지 알 수 없었다. 다만 전쟁터로 간다는 것은 알고 있었다.

요코하마에서 일주일쯤 대기하는 동안 온갖 나쁜 소문들이 다 들려왔다. 그중에는 요코하마 대기 병력은 대부분 배를 타고 남쪽으로 가다가 미군 잠수함 공격을 받아 물고기 밥이 된다는 소문도 있었다.

요코하마 대기소는 절이었다. 싸움터로 떠나는 마당에 크리스마스를 절에서 맞는 신학생 신세가 서글펐다. 그때 친구가 "예수님이 오신 크리스마스인데 조용한 곳에 가서 기도하자."라고 말했다. 기도할 곳을 찾다가 불상 뒤에 좋은 자리를 찾았다. 그 옆에 사람들이 버린 잡동사니가 쌓

여 있었는데 그 속에서 친구가 일본 가요집을 발견했다. 그 가요집에 크리스마스 캐럴인 '고요한 밤'이 있었다. 친구와 나는 거룩한 마음으로 노래를 불렀다.

요즘 개신교와 천주교는 한데 모여 일치 기도회를 열기도 한다. 우리는 벌써 몇십 년 전에 일치 기도회를 연 셈이다. 예수님의 탄생을 축하하며 기도를 드리는데 옆에 부처님을 모셔 놓았으니 말이다.

2천 톤급 화물선에 올라 태평양으로 나갔다. 파견지는 부도라는 남쪽의 작은 섬이었다. 뱃멀미가 심해 아무것도 먹지 못하고 잠을 자기도 힘들었다. 배에는 연료를 담은 드럼통과 탄약이 잔뜩 실려 있었는데 나는 그 위에 가마니를 깔고 축 늘어져 고통스런 시간을 보냈다.

부도에 거의 다 왔을 무렵이었다.

"비상, 구명대를 챙겨 빨리 갑판으로 올라가!"

친구가 헐레벌떡 뛰어 내려와 소리쳤다. 미군 잠수함이 나타났다는 것이다. 갑판에 있던 병사들은 순식간에 얼굴이 창백해져 검푸른 바다를 살폈다. 연료와 폭발물을 잔

뚝 실은 배가 어뢰 공격을 받으면 배는 물론 사람도 산산조각이 날 게 분명했다. 그 순간 어머니 얼굴이 수평선 위로 또렷하게 떠오르는 게 아닌가?

불현듯 어머니가 보고 싶어졌다. 그리고 죽더라도 어머니 무릎에서 죽고 싶다는 생각이 밀려왔다.

참 이상한 경험이었다. 예전에는 내가 어머니보다 먼저 죽게 된다면 어머니가 보는 앞에서는 절대 죽지 않겠다고 다짐하곤 했었다. 자식이 죽어 가는 모습을 보는 어머니의 심정은 얼마나 고통스러울까 싶었기 때문이다. 그러나 막상 눈앞에 죽음이 닥쳐오자 어머니가 보고 싶고 어머니 품이 그리워졌다.

바로 그때 짙은 안개가 사방을 뒤덮었다. 그 안개 속에 내가 탄 배도 묻혀 버렸다. 미군 잠수함은 내가 탄 배가 보이지 않자 공격하지 못했다. 천만다행으로 죽음을 모면한 것이다. 배에 탄 병사들은 모두 기뻐했다. 그저 하느님의 크나큰 사랑에 고개가 숙여질 뿐이었다.

이 경험이 없었더라면 어머니에 대한 마음이 이토록 애틋하게 남아 있지 않았을 것이다. 한때는 어머니의 사랑이 부담스러워 일부러 거리를 두려고 했던 적도 있었기 때문이다. 그때 그 배에서 내 진짜 마음을 알게 된 것은 내 인생의 큰 소득이다.

우리가 머물던 섬에서는 다행히 전투가 벌어지지 않았다. 그렇다고 전쟁이 끝나기를 기다리고 있을 수만은 없었다. 그래서 나와 학도병 몇 명은 미군이 점령 중이고 그리 멀지 않은 유황도로 탈출하기로 결심했다.

조그만 배 한 척을 어렵게 구해 수류탄과 비상식량인 건빵 그리고 흰 천을 감추었다. 흰 천은 미군 비행기나 군함을 만나면 항복한다는 표시로 흔들 것이었다.

마침내 탈출하기로 계획한 날이 밝았다. 매일 오전 일정한 시각에 나타나는 폭격기가 지나가면 배를 타고 나갈 생각이었다. 그런데 어찌 된 일인지 그날따라 폭격기는 나타나지 않았다. 만일 바다 한가운데서 폭격기를 만나면 모든 게 끝장이었다. 그냥 부대로 돌아가야 하나 아니면 태평양 한가운데에서 죽을 각오를 하고 출발하느냐가 문제였다.

'여기서 죽으나, 탈출하다 죽으나 죽는 건 마찬가지다!'

우리는 바다에 배를 띄웠다. 그런데 그제야 미군 폭격기가 나타난 것이다. 안 되겠다 싶어 배를 돌려 부랴부랴 원래 있던 섬으로 되돌아갔다.

너무나도 무모한 탈출이었다. 나중에 알고 보니 우리가 가려고 했던 유황도는 조그만 배를 타고 탈출하기에는 너무 먼 곳이었다. 그날 부대에 조금만 더 늦게 복귀했더라면 총살을 당했을지도 몰랐다.

그리운 조국으로

1945년 8월 15일, 히로히토 일본 천황은 연합군에 무릎을 꿇었다. 일본의 항복은 곧 오랫동안 바라던 우리 민족의 해방이었다.

'고국에선 삼십육 년 동안 일본의 식민 통치 사슬에서 풀려난 국민들이 손에 손에 태극기를 들고 거리로 뛰쳐나와 만세를 부르겠지.'

일본 군복을 입은 한국 학도병들의 기쁨과 감격은 이루 말할 수 없었다. 그런데 일본군 측에서는 부대원들이 섬에 상륙한 미군과 만나는 걸 금지시켰다. 시간이 흐르자 미군은 일본군을 일본 땅으로 송환하기 시작했다. 억울하게 끌려온 한국 사람들을 먼저 놓아 주는 게 맞는 것이었다. 하지만 미군은 무슨 일인지 한국 학도병들을 놓아 주려 하지 않았다.

나는 기다리다 못해 아는 영어를 모두 동원해서 편지를 썼다. '여기에 강제로 끌려온 한국 사람들이 있으니 빨리 돌려보내 달라'는 내용이었다. 편지를 쓰고 맨 밑에 '스티븐 김'이라고 사인했다. 스티븐 김은 내 세례명인 스테파노를 영어식으로 표현한 것이다.

그러나 어떻게 편지를 전달하느냐가 문제였다.

어느 날, 나는 미군과 함께 있는 지역에서 일하고 있었다. 꽤 가까이에서 트랙터를 몰고 있는 미군 병사에게 살짝 다가가 말을 걸었다. 난생처음 영어로 말하는 데다 절박하게 부탁하는 입장이라 깍듯하게 예의를 갖춰 말했다. 그러나 미군 병사는 내 말을 알아듣지 못했다. 물론 알아들을 리가 없었다. 하지만 신통한 방법이 떠오르지 않았다.

"아까 무슨 말을 하려고 했느냐?"

잠시 후, 그 미군 병사가 말을 걸었다. 너무 반가웠다.

"여기는 일본, 저기는 한국. 나는 한국 사람이다. 나는

히로히토 일본 천황을 증오한다."

나는 땅바닥에 우리나라와 일본 지도를 그리면서 말했다. 그리고 덧붙였다.

"이 편지를 너희 사령관에게 전해 달라."

나는 미군 병사 손에 편지를 몰래 쥐어 주었다.

며칠 후, 미군 측에서 요란을 떨며 편지의 주인공을 찾아다녔다. 한국 사람이 열댓 명밖에 없었기 때문에 미군이 나를 찾는 것은 어려운 일이 아니었다.

결국 나는 미군 사령관에게 불려 갔다.

"내가 사령관이다. 질서를 문란케 하는 행위는 용납하지 않는다."

미군 사령관은 내게 엄포를 놓았다.

실망한 나를 미군 사령관 부관인 중위가 조용히 따로 불렀다. 말이 안 통해서 몸짓은 물론 손짓에다 발짓을 하고, 글씨와 그림까지 그려 가며 한 시간 가까이 이야기를 나누었다. 그럼에도 중위가 왜 나를 따로 불렀는지 알 수가 없었다.

중위는 무언가를 생각하더니 내게 물었다.

"미군 조종사 열댓 명이 공격을 받고 이 섬으로 추락했다. 그들의 행방에 대해 아는 게 있느냐?"

그제야 미군이 한국 사람을 풀어 주지 않는 이유를 알게 되었다. 일본군이 미군 조종사에 대해 모른다고 하자 한국 사람들에게 정보를 캐내기 위해서 붙잡아 두었던 것이다.

나는 미군 조종사들이 묶여 있는 걸 직접 본 적이 있지만 일본군이 있어 지금은 알아도 말할 수 없다고 했다.

"한국 사람들의 안전을 책임진다면 말하리다."

미군은 내 요구를 받아들였다. 그래서 한국 사람들은 모두 미군 지역으로 옮겨 가게 됐다. 육군은 모두 학도병들이었으나 해군 쪽에는 노동자로 온 한국 사람이 백 명도 넘었다. 그런데 일본 해군 사령관이 노동자들에게 무슨 거짓말을 했는지 노동자들은 난폭한 태도와 말투로 나를 몰아세웠다.

"너희 학도병 몇 명 때문에 우리는 미군 종살이를 하게 되었다."

나는 노동자들에게 미군과 있어야 우리가 자유를 얻을

수 있다고 설득했다. 그리고 미군 조종사들이 묶여 있는 것을 본 사람이 있는지 물었다. 다행히 노동자들 가운데 목격자 세 명이 나타났다. 그 무렵 괌에서는 전쟁 범죄자 재판*이 열리고 있었다. 나는 재판 증인으로 목격자 세 명과 함께 괌으로 갔다.

괌에서 재판을 마치고 일본으로 돌아온 건 1946년 9월이었다. 미국으로 가서 제대로 공부하고 싶었으나 주교님의 승낙서가 좀처럼 도착하지 않았다. 그런데다 일이 꼬여 삼 개월 더 일본에 머물다 귀국했다.

귀국을 결심한 이유 가운데 하나는 재일 교포들의 분열과 다툼이었다. 삼십오 년간 일본의 온갖 착취와 압박 속에서 우리나라는 해방을 맞았으나 그 기쁨도 잠시였다. 나라의 기틀이 잡히지 않은 그때 남한과 북한은 미국과 소련이 개입하여 정권을 담당했다. 그 소용돌이 속에 남한과 북한은 극심히 대립하고 있었다.

나는 동경으로 가는 임시 열차에 몸을 실었다. 귀국하

---

* 일본이 일으킨 전쟁에 대해 책임을 묻는 재판으로 무고한 우리나라와 중국, 동남아 사람들을 죽인 일본군을 재판함.

는 한국 사람을 위해 편성된 열차였다. 동경으로 간 뒤 일본의 서쪽에 있는 규슈 지방 하카타에서 귀국선을 타야 했다. 보통 때는 열아홉 시간이면 닿는 거리가 임시 열차를 타니 삼십 여 시간이 걸렸다.

임시 열차에서 내리고도 사흘 뒤에 귀국선을 탈 수 있었다. 그리고 드디어 그리운 부산항이 보였다.

"와아, 그리운 조국이다!"

나뿐만 아니라 모든 사람들이 감격스러워했다. 어서 빨리 해방된 조국 땅을 밟고 싶은 마음뿐이었다. 그런데 이상하게도 배에서 내려도 좋다는 허락이 떨어지지 않았다. 하루 종일 굶으면서 배에서 내리기만을 기다렸다.

날이 어둑어둑해져서야 허락이 떨어졌다. 하지만 기쁜 마음도 잠시, 배에서 내리자마자 깡패들이 몰려와 사람들의 짐, 특히 여자들의 핸드백을 낚아챘다.

'일본에서 온갖 설움을 다 겪은 동포들이 조국 땅을 밟자마자 약탈을 당하다니…….'

나는 조국에 도착하자마자 실망하고 말았다.

저녁밥은 밀가루를 띄운 멀건 국이었다. 그것도 국물을

한 번 마시고 옆 사람에게 그릇을 넘겨주어야 했다. 동포들은 이럴 바에야 차라리 일본으로 돌아가겠다고 아우성쳤다.

밤이 깊어져서야 수속을 마치고 부산항에서 빠져나왔다. 그 시간에 밥 한술이라도 얻어먹을 수 있는 곳은 범일성당과 성당 근처 김태관 신부님 집밖에 없었다. 이미 세상을 떠난 김 신부님은 일본 상지대학 선배로 방학 때 집에 가 본 적이 있었다.

나는 갈 곳이 생각나지 않아 무작정 김 신부님의 집을 찾아갔다. 내가 김 신부님 집에 도착하자 저녁 식사하던 가족이 나를 보고 놀라는 눈치였다. 저녁 식사를 식구 것밖에 준비해 놓지 않았기 때문일까 아니면 동한이 형과

너무 닮아서일까? 신부님 가족은 내가 이곳에까지 온 이야기를 듣더니 밥을 먹고 가라고 했다.

"신 신부님이 보좌 신부님으로 계시다는 범일성당은 어떻게 가나요?"

예고 없이 찾아와 밥을 축내는 것 같아서 얼른 범일성당 가는 길을 물었다.

동한이 형과 같이 사제가 된 신 신부님이 범일성당 보좌 신부라는 걸 들은 적이 있어 그곳으로 가려고 했다. 그런데 모두들 고개를 갸우뚱했다.

"범일성당 보좌 신부님은 신 신부님이 아니라 김 신부님인데? 모르셨어요?"

"그렇지 않아도 문을 열고 누가 들어오는데 김 신부님이 오신 줄 알았다니까. 김 신부님 동생이시죠?"

식사하던 가족들이 내 얼굴을 자세히 보며 말했다.

생각지도 못한 형을 만날 수 있다는 생각을 하니 얼마나 마음이 앞섰던지 헛걸음질하는 것처럼 느껴졌다. 범일성당에 도착해 사제관 문을 두드리자 교리 공부를 하고 있던 아주머니 한 명과 아이들이 우르르 몰려나왔다.

"우아, 김 신부님 동생이다."

아이들은 내 얼굴을 보자마자 소리쳤다. 동한이 형 책상에 놓인 액자에서 내 얼굴을 본 모양이었다.

"신부님, 동생 오셨어요!"

아이들이 외쳤다. 가슴이 콩닥콩닥 뛰었다. 동한이 형이 맨발로 달려 나왔다. 아, 그 반가운 마음을 어떻게 말로 표현할 수 있겠는가. 학도병에 나갈 때 부산항에서 배웅하며 눈물을 보인 동한이 형이었다. 부산항에 내리자마자 동한이 형을 만나 밥을 얻어먹게 될 줄은 상상도 못했던 일이었다.

여인에게 청혼을 받고

대구 중구 남산동 대구대교구 교구청 안에는 대구유형문화제이기도 한 성모당이 있다. 성모당은 전국적으로 유명한 천주교 성지로 마음 깊이 간직한 것을 기도하는 사람들의 발길이 끊이지 않는다.

내가 학도병에 나간 후부터 어머니는 눈이 오나 비가 오나 성모당 앞에 무릎을 꿇고 막내아들이 무사히 돌아오기를 기도했다.

어머니 기도 덕으로 나는 정말이지 온갖 수난을 다 겪었음에도 아무 탈 없이 집에 도착했다. 어머니를 품에 꼬

옥 안아 드렸다. 나는 그때 어머니가 우는 모습을 처음 보았다.

신학교에 복학하기 전까지 대구에 있는 누나 집에서 구 개월쯤 지냈다.

"네 형이 신부가 되었는데 너까지 신부가 되어야겠느냐? 집안 형편도 좀 보거라."

집안 형편이 어려워지자 누나는 내가 신학교에 복학하는 것을 달갑게 생각하지 않았다. 그러나 그때 그보다 더 내 마음을 심란하게 한 것이 있었다. 바로 한 여인이 결혼하자고 청한 것이었다.

그 여인은 동한이 형이 있는 범일성당에서 자연스럽게 알게 되었다. 동한이 형이 일을 봐주는 고아원에서 일하며 가끔 사제관 청소도 해 주는 사람이었다. 잘은 몰라도 그 여인을 볼 때마다 마음의 고통이 큰 사람처럼 보였다.

어느 날, 그 여인은 무슨 병인지는 모르지만 병으로 자리에 눕게 되었다.

"다른 사람들은 그녀를 좀 어려워하니 네가 간호해 주

면 어떻겠니?"

동한이 형의 말에 나는 별생각 없이 그 여인을 간호하기 시작했다. 그런데 그 여인은 어떤 이야기 끝에 자연스럽게 자기가 살아온 이야기를 들려주었다. 그 여인에게 가장 필요한 건 고해성사라는 생각이 들었다. 그러나 본당 신부님에게 고해성사를 보는 건 어려워할 것 같아 나는 영도에 있는 프랑스 신부님을 모셔 왔다. 여인의 고해성사는 한 시간도 넘게 걸렸다. 나의 그런 관심과 배려가 여인의 마음을 움직인 건지 모르겠다.

어느 날, 여인이 내게 물었다.

"나를 받아 줄 수 있겠어요?"

나는 깜짝 놀라 하늘이 노래지는 것 같았다.

"여자는 아예 쳐다보지도 마라."

소신학교 시절 방학이 되어 고향에 내려갈 때면 교장 신부님은 학생들에게 신신당부했다. 그래서 나는 어릴 때부터 아는 여자를 보아도 고개를 돌렸다.

'나만을 사랑해 주는 여인이 있으면 얼마나 좋을까?'

이런 생각을 했던 건 사실이다. 그러나 막상 그런 여인

이 나타나자 나는 내 모든 걸 걸어 한 사람을 평생 행복하게 해 줄 자신이 없었다. 차라리 신부가 되어 부족하지만 여러 사람에게 골고루 사랑을 나누어 주는 게 훨씬 마음이 편할 것 같았다.

"아시다시피 나는 신부입니다. 절대로 그럴 수 없습니다. 죄송합니다"

단호하게 거절했다. 그렇지만 훗날 그녀가 나를 단념하지 않고 있다는 소식을 전해 들었을 때는 고통스럽기까지 했다. 어쩌면 그 일이 나를 사제의 길로 가야만 하는 사람이라는 확신을 갖게 했는지도 모른다.

1947년 9월, 나는 동성상업학교로 돌아왔다. 1935년에 입학했던 신학교로 되돌아온 것이다. 그러나 일본 유학 기간 동안의 공백 때문에 후배들과 함께 공부해야 했다. 내가 신학교 5학년 때 1학년으로 갓 입학한 후배들이었다. 그렇지만 나보다 나이가 많거나 비슷한 또래도 더러 있었다.

입학 동기들은 그해에 모두 벌써 신부가 되었다. 아무

리 동기라 해도 신부와 신학생 신분은 하늘과 땅 차이여서 마음이 조급해졌다. 나는 예전보다 더 열심히 학교생활을 했다.

지금은 없어졌지만 삭발례*의 감동은 잊을 수가 없다. 이 예식을 치러야 수단**과 로만칼라***를 착용할 수 있었다. 수단은 성직자 지위에 따라 색깔이 다르다. 신부는 검정색이나 흰색을, 주교는 진홍색을, 추기경은 적색을, 교황은 흰색을 입는다.

삭발례는 스님이 되기 위해 머리를 깎듯이 성직자가 되기 위한 첫 관문일 뿐이다. 그런데 돌이켜 생각해 보면 그날의 기쁨은 신부가 되었을 때 기쁨보다 더 컸다. 처음으로 내가 무언가 해냈다는 생각 때문인 것 같다. 하느님께서 그동안 내게 주신 영적 기쁨 가운데 가장 큰 기쁨이 아니었던가 하는 생각이 든다.

특히 그날 "야훼 하느님은 나의 유산이다."라는 말씀

---

* 세속을 끊고 자신을 하느님께 바친다는 뜻으로 머리를 깎는 예식.
** 성직자가 제의 밑에 받쳐 입거나 평상복으로 입는 발목까지 오는 긴 옷.
*** 성직자가 성당이나 사제관 밖에서 성직자의 공식적 복장을 표시하기 위해 목에 두르는 아마포로 된 희고 빳빳한 깃.

은 가슴 깊이 와 닿았다. 내가 내 부모에게 물려받을 재물이 있는 것도 아니고, 있다고 해도 하느님이 계시니 별 의미가 없을 것 같았다. 오직 하느님만이 내가 가질 수 있는 재산이기 때문이다.

올챙이 신부가 되어

1950년 6월 25일은 신학교 교수인 공 베르 신부님이 신부가 된 지 오십 년을 기념하는 금경축이었다. 나는 총학생회장이기도 했고 공 신부님은 내게 뜻깊은 신부님이었기에 금경축 행사를 정성껏 준비했다.

우리는 행사를 치를 때까지도 6·25 전쟁이 일어난 줄 몰랐다. 그런데 의정부 쪽에서 피난민들이 내려오기 시작했다. 북한의 군대인 인민군이 청량리까지 밀고 내려왔느니, 미아리 고개까지 들이닥쳤느니 하는 소문이 퍼지고 있었다.

그때 국군이 신학교 뒤 언덕배기 성터에 포를 설치하는 모습이 보였다. 그제야 나는 상황이 심각하다는 걸 알아챘다.

신학생들은 6월 27일 저녁까지도 학교에 남아 있었다. 식당에 저녁밥을 준비해 놓았지만 어느 누구도 밥 먹을 생각을 하지 않았다. 교수 신부님으로부터 어떻게 행동하라는 지시도 내려오지 않았다. 그러자 학생들이 동요하기 시작했다. 일단 명동성당으로 가자는 의견이 우세했다.

6월 27일 밤, 인민군이 미아리 고개까지 밀고 내려왔다. 나는 더 이상 머뭇거릴 수가 없었다.

"명동성당으로 가자."

나는 신학생들과 명동성당으로 뛰어갔다. 하지만 명동성당도 대책이 없기는 마찬가지였다. 할 수 없이 뿔뿔이 흩어져야 했다. 나는 몇몇 신학생과 삼각지성당으로 가서 잠자리를 얻었다.

"인민군이 시내까지 들어왔다!"

요란한 폭발음을 듣고 잠에서 깼을 때 누군가 문을 두드리며 소리쳤다.

나는 얼른 밖으로 나가 보았다. 비가 억수같이 퍼붓는 이른 새벽 거리에 피란민과 차량이 넘쳐 났다. 한강 다리는 새벽 두 시쯤에 끊어졌다고 했다. 다행히 끊어지지 않은 철교가 있어 그 다리를 건너 수원으로 갔다.

급하게 서울을 빠져나온 신학생들은 수원성당에 모여 하룻밤 신세를 졌다. 나는 그다음 날 신학생들을 삼삼오오 짝지어 남쪽으로 내려보냈다. 그리고 나는 대구로 내려가 대구교구 교구청 주교관 최덕홍 주교님 밑에서 정하권과 부족한 신학 공부를 했다. 그러나 전쟁 통에 공부가 제대로 될 리가 없었다.

시시각각 전해지는 전쟁 상황을 들으면 걱정이 앞섰다. 나라가 공산화되면 가톨릭교회는 박해를 받다가 무너질 게 뻔했다. 이미 북쪽에 있는 많은 가톨릭교회가 초토화되었고, 성직자 대부분이 목숨을 잃었기 때문이다. 그때 나는 이런 생각까지 했다.

'이 나라가 공산화되면 그들 손에 죽느니 차라리 산에 가서 게릴라전을 벌이겠다.'

어느 날, 최덕홍 주교님이 나와 정하권에게 말했다.
"자네들도 이제 신부가 되는 예식을 준비하게. 언제 예식을 거행하면 좋을지 의논해서 날짜를 잡게."

나와 정하권은 예식 거행하는 날을 '고통의 성모 마리아 기념일'인 9월 15일로 정했다. 예수님을 잉태해 낳으시고 수난과 부활을 지켜본 성모 마리아야말로 예수님이 가신 길을 가장 가까이서 함께 걸은 분이라고 생각했다. 또 성모 마리아처럼 고통 속에서 예수님이 가신 길을 묵묵히 따르는 게 사제의 길이라고 생각했다.

사제 생활의 모토로 삼고 싶은 성서 구절을 상본*에 새겨 넣어야 했는데 나는 고민한 끝에 시편 139장인 "당신 얼을 피해 어디로 가겠습니까?"라는 구절을 선택했다.

'하늘 높이 올라가도, 땅 속 깊이 내려가도 그곳에 계신 하느님. 바다 끝에 자리를 잡아도, 오른손으로 나를 붙들

---

* 예수 그리스도, 성모 마리아, 천사, 성인 등의 모습을 담은 그림.

어 주는 분. 그런 하느님을 떠나 어디로 도망칠 것이며 도망친다 한들 한순간이라도 편히 숨을 쉴 수 있을까.'

이러한 생각을 하고 있을 때 마침 대구에 내려온 시인 최민순 신부님에게 내가 고른 구절에 대해 이야기했다.

"한 편의 아름다운 시적인 표현이군."

최민순 신부님은 상본에 들어갈 모토를 보고 좋아했다. 하지만 이런 생각이 들었다.

'과연 한평생을 착한 목자로 살 수 있을까? 장점보다 단점이 많은 내가 오히려 하느님 앞에 죄인으로 남을 가능성이 더 크지 않은가. 그렇다면 이 생명이 다하는 순간까지 성찰해야 할 건 하느님 저는 죄인이오니 불쌍히 여기소서라는 말밖에 없지 않을까…….'

결국 나는 시편 51장에서 찾아낸 '하느님, 저를 불쌍히 여기소서.'라는 구절을 상본에 써넣었다.

신부가 되는 예식을 거행하는 날은 음력 8월 대보름이었다. 대구 계산동성당 마당에서 올려다본 가을 하늘은 유달리 맑고 높았다. 맑은 쪽빛 하늘처럼 맑고 깨끗한 마

음으로 신부가 되는 것 같아 기분이 좋았다.

나는 제단 앞바닥에 엎드려 하느님께 속삭였다.

"주님, 사실 저는 다른 길을 가려고 했습니다. 그렇지만 주님께서 다른 길은 보여 주지 않고 오로지 이 길만을 보여 주셨습니다. 주님 뜻에 따르겠습니다."

십팔 년 동안 하느님의 부르심에 회의를 여러 번 느꼈고, 갈등과 유혹에 심하게 흔들리기도 했다. 그러나 하느님은 나를 하나의 길로 이끄셨다. 그 큰 섭리와 은혜에 감사드렸다.

그때는 워낙 신부가 적어 나는 곧바로 안동본당(지금의 성동주교좌본당) 주임 신부로 발령받았다. 성당에는 밥 끓여 먹을 솥단지 하나조차 없었다. 임시로 며칠 동안 여관에 묵으면서 신자들이 해 주는 밥을 얻어먹었다. 그 뒤에는 고아원에 부탁해 두 달쯤 밥을 대 먹었다. 하지만 그쪽에서도 힘든 눈치였다. 고민하다가 본당 회장에게 부탁하자 회장은 이 집 저 집 돌아다니면서 숟가락과 젓가락, 밥그릇 등을 얻어 주었다.

어머니가 내게 내린 첫째 계명을 첫 부임지에서부터 거스르는 일이 생겼다. 계명은 종교에서 반드시 지켜야 할 조건인데 신학생 시절부터 귀에 못이 박히도록 들은 어머니의 첫째 계명은 "젊은 여자를 식복사로 두어서는 절대 안 된다."였다. 식복사는 신부의 식사를 도와주는 사람인데 본당 회장이 소개해 준 식복사가 하필이면 젊은 여자였던 것이다. 나는 회장에게 젊은 여자는 안 된다고 했다.

"신부님, 이 사람밖에 없는데 어떡하죠? 저를 믿고 쓰십시오."

회장은 대수롭지 않게 말하고 돌아갔다. 나는 첫째 계명을 위반한 사실을 어머니에게 끝내 고백하지 못했다.

나는 갓 태어난 신부여서 하느님과 교회 그리고 신자를 위해 봉사해야 한다는 열정이 굉장히 뜨거웠다. 그때 안동은 전쟁의 여파로 제대로 된 집보다 불에 타고, 쓰러진 집이 더 많았다. 그런데다 두 해 연속 흉년이 들어 주민들은 풀뿌리와 나무껍질로 목숨을 이어 가고 있었다.

그렇다고 신부에게 신자를 도울 수 있는 돈이 있는 것도 아니었다. 신부의 유일한 수입원은 미사 예물*이었다. 그것도 한국 신자들이 바친 게 아니고, 서양 신자들이 미사 한 번에 일 달러씩 보내 준 것이었다. 그 돈으로 한국 신자들을 돕는다는 건 말이 되지 않았다.

며칠을 궁리한 끝에 좋은 생각이 떠올랐다. 부족한 영어 실력이지만 신자들의 딱한 사정을 적은 영문 편지를 들고 부산에 갔다. 미국 주교회의 구호 사업 한국 지부장인 안 제오르지오 주교님에게 도움을 청하면 밀가루라도 얻어 올 수 있을 것 같았기 때문이다. 그러나 주교님은 일

---

* 특별한 청이 있어 미사를 드릴 때 신부님께 드리는 것.

본 출장 중이었다. 기대하고 온 터라 실망했지만 그것도 잠시였다. 일본에 머물면서 한국 교황 사절을 겸하고 있는 필스텐벨그 대주교님이 부산에 계신다는 소식을 듣게 된 것이다.

나는 필스텐벨그 대주교님에게 찾아온 이유를 말했다. 그러자 대주교님은 내가 쓴 영문 편지를 갖고 위층으로 올라갔다가 한참 뒤에 내려왔다.

"내일 안 주교님이 일본에서 돌아오시니 꼭 만나뵙고 가게."

대주교님은 빙그레 웃으며 말했다. 나는 그 웃는 얼굴에서 좋은 느낌을 받았다.

다음 날, 안 주교님을 찾아가자 나를 보고 반가워하며 수표 한 장을 내밀었다. 수표를 받아 액수를 본 순간 나는 놀라서 입이 떡 벌어졌다. 눈을 똑바로 뜨고 '0'을 세어 보았다.

'하나 둘 셋······.'

몇 번을 세어 보아도 '0'이 무려 일곱 개나 있었다.

'와아, 이천만 원!'

난생처음 구경하는 큰돈이었다. 수표를 안주머니 깊숙이 넣고 대구로 가는 기차를 탔다.

대구로 돌아오자마자 나는 대구교구장인 최 주교님에게 수표를 드리며 모두 이야기했다.

'내게 삼백만 원만 떼어 주시면 얼마나 좋을까?'

마음속으로 생각하고 있을 때 최 주교님이 물었다.

"김 신부, 얼마쯤 받고 싶은가?"

"제가 그걸 어떻게 말씀드리겠습니까. 교구장님께서 주시는 대로 받겠습니다."

"절반이면 되겠지?"

"아이고, 고맙습니다. 주교님!"

그 돈을 갖고 안동본당으로 돌아와 성당 보수 작업을 시작했다. 신자들에게 돈을 무작정 나누어 주는 건 옳은

방법이 아닌 것 같아 일을 시키고 품삯을 후하게 쳐주었다. 또 가난하기 이를 데 없는 공소 신자들에게는 아주 비밀리에 돈을 나누어 주기도 했다.

신자들 중에 집안 가장이 고해성사를 보러 고해실에 들어오면 교적*을 대조해 가면서 집안 형편, 생업 수단, 농사 평수 등을 꼬치꼬치 캐물은 뒤에 형편에 따라 돈을 주었다. 물론 돈을 받았다는 걸 절대로 다른 사람에게 말하면 안 된다고 했다. 고해실에는 돈을 주는 나와 돈을 받는 신자뿐이지만 혹시 누가 더 받고 덜 받은 게 알려지면 뒷말이 나올까 걱정이 됐기 때문이다.

안동본당이 첫 부임지라서 그랬는지 몰라도 사목 생활은 정말 꿈처럼 달콤하고 아름다웠다. 사목이란 사제가 신자들을 통솔하고 지도해서 구원의 길로 이끄는 일을 말하는데 신자들이 순박하고 정겨워 금방 정이 들었다.

볼일이 있어 대구에 가도 신자들이 기다리고 있을 것 같아 빨리 안동으로 돌아가고 싶었다. 실제로 대구에서 사나흘 일을 보고 버스로 안동 시가지가 내려다보이는 마

---

* 신도의 소속을 밝히는 등록 문건. 또는 등록되어 있는 법적 근거.

지막 고개를 넘으면 나를 기다리는 신자들이 보였다. 신자들도 버스가 보이면 정류장까지 마중을 나왔다.

"성직 생활 오십이 년 중 가장 행복했던 순간이 언젭니까?"라고 누군가 물으면 서슴없이 대답할 것이다. "가난한 신자들과 울고 웃었던 본당 신부 시절이지요."라고 말이다.

내 무릎에서 눈을 감은 어머니

1953년에 대구교구장 최덕홍 주교님 비서로 발령이 났다. 어려운 생활을 헤쳐 가며 정이 든 순박한 안동본당 교우들이었다. 내 자신을 온전히 바쳐 신자들 영혼을 구원하고 가난까지도 구제하는 것이 나의 소박한 꿈이었다. 하지만 눈물과 '소박한 꿈'은 그만 뒤로 해야만 했다.

아쉬운 마음을 안고 대구로 돌아왔다. 최덕홍 주교님은 당신이 입던 옷을 나에게 곧잘 물려주었고, 내가 실수하면 어려움 없이 혼을 냈다. 나도 최 주교님은 아버지같이 생각되어 혼이 나도 귀에 거슬리지 않았다.

한번은 최 주교님이 주신 돈과 양복을 몽땅 도둑맞은 적이 있다. 분명히 방문을 잠그고 주교님과 식사하러 갔는데 돌아와 보니 도둑이 모두 털어 간 것이다. 그러자 주교님은 나에게 소리쳤다.

"바보 같은 녀석!"

비서가 하는 일은 그리 많지 않았다. 주교님이 대구 지역 미군 부대를 방문하면 짧은 영어로 통역하고, 외출할 때 수행하는 정도였다. 하지만 주교님은 혼자 외출할 때가 많아 나는 고등학생 단체 지도 신부를 맡기도 했다.

긴 겨울이 지나고 봄이 왔다. 어머니 병세가 심상치 않았다. 나는 주교관 담 뒤에 있는 낡은 집을 수리해 어머니를 모시고 살았다. 그즈음 어머니는 몇 달을 중풍에 걸려 고생하고 있었다.

"나는 사순절 둘째 영광 날 죽으련다."

어머니는 평소에 이런 말을 자주 했다.

신자들은 '묵주 기도' 묵상 주제인 환희·고통·영광을 가지고 월요일을 '첫 환희', 화요일을 '첫 고통', 수요일을

'첫 영광', 목요일을 '둘째 환희'라고 부른다. 그러니 '둘째 영광 날'은 '토요일'이 된다. 일부 신자들 사이에서 '사순절 둘째 영광 날 죽으면 천당에 간다'는 속설이 있었는데 어머니는 그것을 믿었던 것이다.

'둘째 영광 날' 어머니는 불편한 몸으로 벽에 걸려 있는 십자가를 가지고 성당으로 갔다. 그러고는 예수님께서 걸으신 수난의 길을 따라 걸으며 하는 기도인 '십자가의 길'을 바쳤다. 평생 기도로 사신 어머니의 마지막 기도였다.

어머니는 때마침 성체 조배*중이던 프랑스 신부님인 유 신부님에게 총고해**를 했다. 그런 뒤 어머니는 집에 돌아와 저녁 식사를 했다. 그리고 잠시 후 자신이 위급하다는 연락을 받고

---

* 성체의 외형 안에 현존하는 예수에게 마음을 모아 감사와 찬미를 하는 예배.
** 평생 지은 모든 죄를 뉘우치며 고백하는 것.

교구청에서 정신없이 뛰어온 나의 무릎을 베었다.

"말띠 여자는 팔자가 드세다."

어머니는 살아 계실 때 이런 말을 자주했는데 일흔두 해를 정말 고단하고 험하게 살다 가셨다. 옹기장수에게 시집와서 가난을 뼈저리게 겪고, 방랑벽이 있는 큰아들을 찾느라 세 번씩이나 만주 일대를 헤매던 어머니. 또 말이 아니라 기도로써 막내아들이 성덕을 갖춘 사제가 되기를 빌던 어머니. 밤늦게 시신을 모신 방에 홀로 앉아 어머니의 한평생을 더듬자 마음이 시큰거렸다.

'어머니께서 돌아가셨으니 이제 고아가 되었구나.'

불효자식인지 어머니 사랑을 독차지한 막내아들인데도 어머니가 돌아가셨을 때는 눈물이 나지 않았다. 텔레비전 드라마를 보다가 눈물 흘리는 걸 보면 눈물이 없는 건 아닌데 말이다.

어머니 임종을 오랫동안 준비해 왔기 때문인지도 몰랐다. 대구교구청 담 뒤에 있는 낡은 집을 구입한 것도 셋방에서 큰일을 치를 수가 없을 것 같아서였다. 어머니에게 언제 큰일이 닥칠지 몰라 양식과 땔감도 여유 있게 장만해 두었다.

그때 내 나이가 서른세 살이었는데도 마치 어린아이가 부모를 잃었을 때 느낄 법한 두려움과 외로움이 갑자기 밀려들었다.

모든 어머니의 자식 사랑이 다 그렇지만 이 세상에서 어머니만큼 나를 사랑해 준 사람은 없었다. 나는 이 세상에서 완전한 사랑에 가장 가까운 사랑은 어머니의 사랑이라고 생각한다. 어머니는 나를 위해 모든 걸 다 내어 주었고, 어떤 처지에서든지 다 받아 주었고, 어떤 허물과 용서도 다 덮어 주었다.

내가 살아오면서 가장 많이 입에 올린 단어는 '사랑'이다. 그러나 어머니가 내게 보여 준 사랑처럼 온전히 실천하지 못했다. 효도라고 말할 수는 없지만 안동과 대구에서 몇 년 동안 어머니를 모신 것과 임종을 지킨 게 그나마 위안이 되었다.

1955년 6월, 김천본당(지금의 황금동본당)으로 발령받았다. 김천본당은 역사가 깊고 유치원과 성의중·고등학교를 운영하고 있어 무척 바빴다.

김천본당에 부임해서 주임 신부에 이어 자연스럽게 성의중·고등학교 교장을 맡았다. 그때 학생들과 함께 웃으며 즐겁게 학교생활 한 기억이 아직도 생생하다. 특히 여학교 건물은 성당 마당에 있고, 사제관을 교장실로 써서 여학생들이 참새처럼 재잘거리는 소리에 하루를 시작했다. 여학생들은 장난을 잘 치는 나를 자상한 아빠 대하듯 따랐다.

"학생들과 장난치면서 노는 교장이 세상에 어디 있습니까?"

마당에서 여학생들과 장난치며 놀고 있으면 수녀님이 슬쩍 눈을 흘기고 한마디 했다.

일 년 남짓 교장을 맡는 동안 학생들에게 권위를 앞세우지 않고 아버지처럼 자상하게 대하고, 때로는 친구처럼 장난도 걸었다. 그래서인지 학생들은 나를 '인자하신 콧님'이라고 불렀다. 내가 웃을 때면 코가 벌렁거린다고 해서 붙은 별명이었다.

나는 삼십 대 중반의 젊은 교장이었지만 선생님들과도 별 어려움 없이 학교 살림을 꾸려 나갔다. 하지만 가난한 농촌이라 수업료를 제때 못내는 학생들이 많아 난감했다. 학교 운영 책임자로서 선생님들을 통해 수업료 납부를 독촉한 적도 있지만 속마음은 그게 아니었다.

'오죽하면 자식 학비를 대지 못할까.'

나는 가난한 학생들에게 나름대로 관심을 기울였다.

이 무렵 한국 가톨릭교회에 이른바 '밀가루 신자'라는 말이 생겼다. 전쟁이 끝나고 미국 주교회의 원조 기구인 가톨릭구제회는 엄청난 구호물자를 한국에 보내 주었다. 전쟁 뒤 폐허 속에서 굶주림의 고통을 그나마 덜 수 있었던 것은 가톨릭구제회 한국 사무소 책임자였던 안 제오르지오 주교님 역할이 컸다. 밀가루와 분유, 의류품 같은 구호물자는 교구를 거쳐 각 본당에 배급되었다.

사실 성당에서 구호물자를 신자와 비신자로 가려서 나누어 준다는 게 우스운 일이었다. 그렇지만 아무래도 성당에 나오는 신자들에게 먼저 돌아간 건 사실이다. 그러다 보니 구호물자를 더 타려고 믿음 없는 신자가 되는 사람들이 많았다. 그런 사람들을 '밀가루 신자'라고 불렀다.

독일 유학

1956년 김천본당을 떠나 독일 유학길에 올랐다. 한국 가톨릭교회가 성장하려면 신부들이 그리스도교 전통이 깊은 나라에 가서 더 배워야 한다고 교구장님에게 청했더니 흔쾌히 허락해 주었다.

뮌스터대학 요셉 회프너 교수 신부님 밑에서 '그리스도 사회학'을 배운 것은 정말 행운이었다. 그분은 내가 그리스도 사상에 기초한 인간관과 국가관 등을 세우는 데 큰 영향을 주었다. 이론적 토대가 허술했더라면 1970년대부터 1980년대 그 험난한 시기를 제대로 헤쳐 나올 수 있었을까 하는 의문이 든다. 회프너 교수 신부님은 일본 상지대학 은사인 게페르트 신부님 소개로 만났다.

"공부를 더 하고 싶으면 독일로 가거라."

게페르트 신부님의 말에 벨기에로 가려던 유학을 독일로 바꾸었다. 지금은 유럽에 우리나라 유학생이 많아 덜하지만 그때만 해도 동양인 유학생이 겪는 고충은 한두 가지가 아니었다. 뮌스터에 가기 전 쾰른에서 두 달간 머물렀는데 사람들이 힐끔거려서 무척 곤혹스러웠다. 동양 사람을 처음 보는 주민들이 대부분이었다. 그때 쾰른시 전체에 한국 사람은 두세 명밖에 없었다.

다행히 음식은 입에 맞는 편이었다. 하지만 김치와 된장국이 무척 그리웠다. 학교에서 늦게 돌아오면 식당에서 저녁을 먹는 둥 마는 둥 하고, 방에서 캠핑용 버너에 불을 붙여 밥을 짓고는 했다. 반찬이라야 조선간장 비슷한 '마기'라는 것에 양파를 썰어 넣어 만든 양념간장이 전부였다. 모락모락 김이 나는 쌀밥에 '마기'를 붓고 날계란을 넣어 비벼 먹는 하숙방 저녁 식사보다 더 맛있는 밥은 먹어본 기억이 없다. 여러 곳에 초대받아 온갖 음식을 다 맛보

앉지만 말이다.

유학 생활 가운데 가장 힘들었던 것은 전공 공부를 따라가는 것이었다. 그리스 어와 히브리 어를 배워 가면서 신구약성서를 익히는 게 매우 어려웠다. 그런데다 지도 교수님은 '한국 가족 제도'를 연구하고, 그 주제로 논문을 쓰라고 권유했다. 한국 가족 제도는 유교 전통이 깊어 학문적으로 접근하려면 유교 경전도 읽어야 하는데 내 한문 실력으로는 어림도 없었다. 아쉬운 대로 불어 자료라도 참고하기로 마음먹었지만 그러려면 불어를 배워야 했다. 공부 때문에 머리에서 쥐가 날 지경이었다.

"이 주제로는 도저히 논문을 못 쓸 것 같으니 바꿔 주십시오."

나는 결국 지도 교수님을 찾아갔다. 하지만 지도 교수님은 요지부동이었다. 모든 학생에게 자기 나라 가족 제도를 연구하라고 했으니 어려워도 해 보라고 했다.

시간이 약이었다. 시간이 흘러 언어가 익숙해지자 연구도 진행되었다. 그리고 강의 내용이 조금씩 귀에 들어오기 시작했다.

'한국은 멀어도 한참 멀었구나.'

신학교 때 배운 것보다 훨씬 앞선 내용을 보면 이런 생각이 들었다. 새로운 세계가 열리는 것 같았다.

한창 공부 재미에 빠져 유학 생활 삼 년째로 접어들었을 때였다. 예기치 않은 일이 발생했다. 대구교구 서정길 주교님이 독일 교회 초청을 받아 독일로 오는 중에 비행기에서 감기로 인한 심한 고열에 시달렸다는 것이다. 서 주교님이 독일에 도착했을 때는 폐렴으로 병이 악화된 상태였다.

서 주교님은 독일 베를린 시립 결핵요양원에 넉 달 동안 입원해 있었다. 그때 나는 본의 아니게 서 주교님의 비서 역할을 해야 했다. 한국 가톨릭교회에 물심양면으로 많은 도움을 주는 오스트리아 가톨릭 부인회도 서 주교님을 기다리고 있었다. 그래서 서 주교님을 다시 오스트리아의 수도인 빈에 있는 병원으로 옮기고 여러 달 정성껏 병간호를 했다.

다행히 주교님은 이 년 후 쾌차해서 귀국할 수 있었다. 나는 꼬박 이 년 동안 공부를 뒷전으로 미루고 서 주교님

을 모신 셈이었다.

  나는 다시 뮌스터대학으로 돌아왔다. 새롭게 출발하는 마음으로 학업에 정진하겠다고 마음을 굳게 먹었다. 그러나 내가 독일 사정을 알고 있다고 생각해서인지 여기저기서 나를 찾는 전화와 편지가 오기 시작했다. 그 무렵 한국 사람들이 독일로 물밀듯 밀려왔기 때문이다.

  한국 정부가 서독에 간호사와 광부를 파견하기 시작한 것은 이때부터이다. 제2차 세계 대전 이후 서독은 전쟁으로 인한 노동력 감소와 급속한 경제성장으로 인해 노동력 부족 사태를 겪게 되었다. 특히 광산이나 병원처럼 힘든 육체 노동이 필요한 사업장에는 외국 노동력을 수입해야 하는 실정이었다.

  한국에 진출한 독일 계통의 성베네딕도회(성분도회)에서도 어학과 간호학을 공부시키려고 수녀님과 수사님을 독일에 파견하기 시작했다. 또 어떤 신부는 독일 가정에 입양시키려고 한국에서 고아를 데려오기도 했다.

  그때 독일에 한국인 신부가 거의 없어 툭하면 나를 찾았다. 고해성사와 미사는 물론이고, 갑자기 어려운 일이

닥치면 도움을 청할 곳이 없었기 때문이다. 공부해야 하는데 도와 달라는 간청을 거절할 수 없었다.

이 때문에 학업에 지장이 많았다. 그러나 어려운 사람을 보고 가만있지 못하는 성격이어서 웬만한 요청에 거의 응했다. 이때 여러 방면의 독일 사람들을 두루두루 알게 되었다.

한국 여성이 세계 어느 나라 여성보다 강인하다는 사실도 이때 새삼 깨달았다. 한국 간호사들의 헌신적이고 억척스런 일솜씨는 현지 사람들에게 좋은 평가를 받았다. 간호사들은 월급을 거의 쓰지 않고 한국에 있는 가족에게 고스란히 보냈다.

주교가 되어 마산교구로

1963년 11월 나는 칠 년 만에 독일에서 한국으로 돌아왔다. 가톨릭교회 발전에 조금이라도 도움이 되는 길은 독일에서 보고 배운 것을 사목 현장에서 열심히 실천하는 것이라고 생각했다. 그런데 대구대교구 교구장님은 나에게 생각지도 못한 가톨릭시보사(지금의 가톨릭신문) 사장직을 맡겼다. 신문을 만들어 본 경험이 없기에 막막한 심정으로 출근했다. 그리고 그곳에서 이 년 동안 밥 먹는 시간이 아까울 정도로 열심히 일했다. 아마도 내 일생에서 가장 열정적으로 일에 매달린 때였던 것 같다.

나는 가톨릭시보가 종교 매체 성격을 지닌 신문이지만 비신자도 읽고 싶어야 한다고 생각했다. 나에게는 '세상을 위한 교회'가 되려면 종교 매체도 신자와 비신자 모두와 소통해야 한다는 소신이 있었기 때문이다. 그때 나는 사설 담당이었는데 사회적 사건과 흐름을 신앙적 눈으로 조망하는 주제도 심심찮게 다루었다.

한국 가톨릭교회는 어떻게 변해야 하고, 무엇을 쇄신해야 하는가에 대해 고민하지 않을 수 없었다. 고심 끝에 유명한 목사님과 스님 그리고 언론인이자 문학평론가인 이어령 씨 같은 명사들에게 편지를 띄워 질문했다.

가톨릭을 어떻게 생각하십니까?
하루빨리 고쳐야 할 단점은 무엇이라고 생각하십니까?

그들이 보내 준 답장을 보니 가톨릭을 사정없이 비판하는 글이 많았다. 신학교 시절 나의 교장 선생님이었던 장면 박사는 걱정이 되었던지 "신문에 이런 글이 실려도 되느냐."는 내용의 편지를 보내기도 했다. 그래서 "세상이 우리를 어떻게 보는지 알아야 고칠 것은 고치고, 바로 잡을 건 바로 잡지 않겠습니까."라는 내용의 답장을 보냈다.

대중 매체는 복음 선교 사업에 있어 유용한 도구이다. "돈이 부족하다면 내 주교관과 목장을 팔아서라도 미디어를 통한 복음 선교 사업에 나서야 한다."라고 교황 비오 10세는 이미 백 년 전에 힘주어 말했다. 내가 서울대교구 교구장 재직 시절 평화방송, 평화신문 설립을 최종 승인한 것도 이 같은 확신과 각오가 있기 때문이었다.

가톨릭시보 사장직을 맡고 있을 때 재소자들을 사목하기 위해 자주 만났다. 주일 미사나 고해성사 때 재소자들을 만나면 천사를 만나고 있는 느낌이 들었다. 죄를 뉘우치고 하느님 사랑 안에서 다시 태어나려고 애쓰는 그들의 선한 눈빛이 내 마음을 사로잡았다.

특히 나는 고해실에서 재소자들 이야기에 귀를 기울이곤 했다. 재소자들이 죄를 짓고 교도소까지 오게 된 사연을 눈물로 털어놓을 때는 '돈이 없으면 죄, 돈이 있으면 무죄'라는 말이 가슴에 와 닿아 함께 울곤 했다. 내가 재소

자들을 위해 할 수 있는 일은 미사 집전과 고해성사가 전부였다. 이따금 돈이 생기면 교도소 소장에게 주었다.

"이 돈으로 재소자들에게 고깃국 한번 끓여 주십시오."

기름진 음식을 먹지 못해 얼굴이 늘 까칠까칠한 게 마음에 걸렸기 때문이다.

가깝게 지내던 재소자들은 출소하면 곧잘 나를 찾아왔다. 대부분 차비를 얻으러 오는 사람들이었다.

"이제부턴 마음 단단히 먹고 새 출발해야 합니다."

나는 호주머니를 톡톡 털어 돈을 쥐어 줬다. 그런데 언제부턴가 출소해 찾아온 사람들은 한결같이 차비가 가장 많이 드는 제주도나 강릉이 고향이라고 했다.

그러던 어느 날, 출소자라면서 사무실에 찾아온 사람의 말과 행동이 하도 수상해서 교도소에 물었더니 출소자 중에는 그런 사람이 없다는 게 아닌가. 그때부터 출소자가 찾아오면 교도소에 신원을 확인했다. 그런데 열 명 중에 일고여덟 명은 사기꾼이었다. 그래서 아예 신문사 직원에게 차표를 직접 끊고, 좌석에 앉는 것까지 보고 오라고 시켰는데도 별 소용이 없었다.

그때 만난 재소자들 가운데 최월갑이라는 사람이 또렷하게 기억이 난다. 그는 살인 강도죄를 짓고 사형 선고를 받은 젊은 사형수였다. 개신교 신자였던 최월갑이 천주교로 개종하고 싶다고 해서 미사도 해 주고, 수녀님에게 교리를 잘 가르쳐 주라고 특별히 당부까지 했다. 그는 이미 신앙 안에서 죄를 깊이 뉘우치고 용서받은 상태였다.

하지만 최월갑은 세례를 받기 직전에 사형대에 서야 했다. 사형 집행 소식을 듣고 교도소로 달려간 나는 그에게 조건부 세례를 주었다. 죽음을 앞둔 그는 놀라우리만치 평화로웠다. 오히려 내가 울고 있었다. 나는 마지막 선물로 예수님께서 죽은 라자로를 살려내신 복음(11, 38-44)을 읽어 주었다. 최월갑은 천주교 묘지에 묻어 달라는 유언을 남기고 사형대로 걸어갔다.

"미안해하지 마세요. 전 괜찮습니다. 지금 죽는 게 저에게는 가장 복된 죽음입니다. 여러분도 저와 같은 믿음이 있으면 제 말을 이해하실 거예요."

이어 웃음 띤 얼굴로 나를 위로했다.

"신부님, 제가 삼십 분쯤 뒤에는 천당에 가 있겠네요."

어느 날, 교황대사님 전화를 받았다.

"한번 만나고 싶으니 서울로 올라오게."

'교황대사님이 왜 나를 갑자기 보자고 하시지?'

교황대사 안토니오 델 주디체 대주교님이 나를 왜 찾는지 궁금해하며 서울행 기차에 몸을 실었다.

3월 초순, 봄기운이 완연했다. 성무일도서*를 펴고 그날 독서**를 읽었다.

주님께서 아브람에게 말씀하셨다.

"네 고향과 친족과 아버지의 집을 떠나 내가 너에게 보여 줄 땅으로 가거라. 나는 너를 큰 민족이 되게 하고, 너에게 복을 내리며 너의 이름을 떨치게 하겠다. 그리하여 너는 복이 될 것이다. 너를 축복하는 이들에게는 내가 복을 내리고, 너를 저주하는 자에게는 내가 저주를 내리겠다. 세상 모든 종족들이 너를 통하여 복을 받을 것이다."

아브람은 주님께서 이르신 대로 길을 떠났다.

---

* 매일 정해진 시간에 하느님을 찬미하는 교회의 공적이고 공통적인 기도, 곧 찬미가와 시편, 전례 독서, 교부들의 설교, 기도 등을 담고 있다.
** 가톨릭교회는 1년 365일 그날그날 읽을 성경을 나눠 놓았다.

그때만 해도 라틴어로 성무일도를 바쳤다.

나는 라틴어 실력이 부족해 이해 못하는 구절이 많았다. 그런데 유독 그날 읽은 부분은 가슴에 콕 박히듯 와 닿았다. 그때 불현듯 어떤 생각이 스치고 지나갔다.

'이 대목이 내게 무슨 암시를 주는 건가?'

한동안 차창 밖을 멍하니 바라보았다.

교황 대사관에 도착하자 대사님은 바로 말씀하셨다.

"김 신부, 부산교구에서 마산 지방을 떼어 새 교구를 설립하기로 결정됐네. 그리고 교황님이 자네를 초대 교구장으로 임명하셨어. 물론 주교로도 임명하셨지."

"네?"

나는 깜짝 놀랐다.

"순명*하겠는가? 난 자네가 순명할 거라고 믿네."

나는 아무 말도 하지 못하고 가만히 있었다.

"그럼 순명하는 걸로 알겠네. 축하하네, 김 주교!"

뜻밖의 통보에 나는 어리둥절했다.

"김 신부는 주교가 될 게야."

---

* 명령에 따른다는 말.

나는 이런 말을 여러 번 들었다.

신부가 된 지 십오 년 만에 또 다른 성직자의 길로 들어서게 된 것이다. 주위에서 주교가 되는 예식을 거행할 날을 빨리 잡으라고 재촉했다. 하지만 나는 최대한 늦추어 5월 31일로 정했다. 서두르면 신부들과 신자들이 당황할 것 같았기 때문이다. 또 '고통의 성모 마리아 기념일'에 신부로 태어났듯이 '복되신 동정 마리아 모후 기념일'(지금은 8월 22일로 이동)에 주교로 태어나고 싶었다.

주교직 사목 표어는 '여러분과 또한 많은 이들을 위하여'라고 정했다. 나는 성혈* 축성** 기도문에서 인용한 이 문구를 무척 사랑한다. 그래서 훗날 서울대교구 교구장을 맡을 때도 '너희와 모든 이를 위하여'라고 조금 고쳐서 사용했다.

1966년 5월 31일, 성지여중·고등학교 운동장에서 교황대사님 주례로 주교가 되는 예식이 거행되었다. 폭우가 쏟아질 것이라는 일기 예보와 달리 무척 화창했다. 전국

---

* 미사 때 바치는 포도주. 예수의 거룩한 피로 십자가에서 죽음을 통하여 예수가 이룩한 구원을 상징한다.
** 사람이나 물건을 하느님에게 바쳐 거룩하게 하는 일.

의 주교님들이 다 참석하고, 손님들이 운동장을 가득 메웠다. 신자 수 삼 만 명, 본당 스물한 개의 시골 교구 교구장 생활이 시작된 것이다.

신부는 아무리 고달파도 신자들과 기쁨과 슬픔을 함께 나누면서 살 때가 가장 행복한 것 같다. 지난 세월을 돌이켜 보면 가장 행복했던 때는 사람들과 가깝게 호흡하던 시절이었다.

마산교구 교구장이 되어서도 본당 사목 방문을 나갈 때 가장 즐거웠다. 그때 마산교구는 마산, 진주, 진해 등 다섯 개 시와 열세 개 군을 관할했다. 멀리 있는 성당은 울퉁불퉁한 시골길을 서너 시간 달려가야 했다. 때로는 산 넘고 물 건너가야 하는 성당도 있었다. 그렇게 시내를 벗어나는 곳에 있는 곳에 갈 때면 하룻밤을 묵고 와야 했다.

시골 성당에 가면 신부들과 식사를 하면서 사목에 관한 이런저런 이야기를 나누고, 밤이면 산새와 풀벌레 우는 소리를 들으면서 잠드는 게 정말 좋았다. 시간을 넉넉하게 잡고 교우들과 이야기를 나누다 보면 교구장이긴 해도 그들과 가까이서 호흡하는 사목자라는 생각이 들었다.

마산교구장 생활은 이 년밖에 하지 못했지만 주교가 된 후 첫정을 각별하게 쏟은 교구였다. 내가 마산교구를 떠날 때 그 첫정이 얼마나 깊이 들었던지 나는 신부님들 앞에서 눈물을 흘렸다. 그런데 나와 헤어지는 게 섭섭하다고 눈물을 보이는 신부님은 하나도 없었다. 아마도 신부님들은 한 부임지에서 짧게는 삼 년, 길게는 오 년 머물기에 나보다 헤어지는 연습이 잘 되어 있기 때문인 듯했다. 아니면 내가 일을 많이 시켜 고생만 했기 때문일까?

서울대교구 교구장에

1968년 4월 서울로 급히 올라오라는 주한 교황대사 히폴리토 로톨리 대주교님 전갈을 받고 대사관으로 갔다.
"어서 오시오, 김 주교."
"안녕하세요, 대사님. 무슨 일로 부르셨는지요?"
"축하부터 해야겠습니다. 교황 성하께서 김 주교를 서울대교구 교구장에 임명하셨어요."
"뭐, 뭐라고요?"
"김 주교가 대주교로 승품되어 서울대교구장 직을 맡게 되었다는 겁니다."

그 충격과 어리둥절한 상황을 어떻게 표현해야 할지, 정말 마른하늘에서 벼락을 맞는 것 같았다.

'하필이면 내가?'

이런 생각밖에 들지 않았다.

"대사님, 저는 주교가 된 지 이 년밖에 안 되었습니다. 주교단에서도 제일 막내입니다. 그런 제가 그 무거운 십자가를 어떻게 지고 가겠습니까?"

"누군가는 짊어져야 할 십자가예요. 주님께서 주시는 십자가입니다."

'주님께서 주시는 십자가'라는 교황대사님 말씀에 더 이상 아무 말도 하지 못한 채 대사관을 나왔다. 하지만 아무리 생각해도 주교가 된 지 이 년밖에 안 된 '시골뜨기 주교'가 짊어질 만한 십자가가 아닌 것 같았다.

마산으로 가는 기차에 몸을 싣고 차창 밖을 내다보면서 깊은 생각에 빠졌다. 갑자기 외로움이 엄습했다.

'주님, 감당하기 어려운 십자가를 들려 낯선 타향으로 저를 보내시려는 이유가 무엇입니까?'

새로운 서울대교구 교구장 탄생 소식은 4월 27일 오후

로마와 한국에서 동시에 발표되었다. 그전부터 한국 교회를 대표하는 서울대교구 수장이 누가 될 것인가에 대한 관심이 높았기에 언론에서도 이 소식을 앞다투어 보도했다. 내가 서울대교구장이 된 것에 별의별 반응이 다 나왔지만 한 마디로 요약하면 '너무나 예상 밖'이라는 것이었다.

'김수환이라는 주교가 누군지 얼굴도 본 적이 없다.' 이런 반응이 신문에 실렸다. 당연한 반응이었다. 특히 서울대교구 신부들은 서울에 아무런 연고가 없는데다가 또 특출한 사람도 아닌 마산교구장이 서울대교구장으로 온다는 사실을 받아들이기 힘들었을 것이다.

언론사에서도 의외의 인물에 대한 관심 반, 호기심 반으로 나에게 인터뷰를 요청해 왔다. 나는 기자들이 묻는 대로 꼬박꼬박 대답했다. 대답하면서도 그들이 나보다 교회 문제를 더 많이 알고 있어서 놀랐다.

1968년 5월 29일, 이 천여 명이 참석한 가운데 명동대성당에서 서울대교구 교구장 착좌식*이 거행되었다. 성당 밖에는 축하 플래카드가 걸렸고, 나는 교황대사님 인도로

---

* 교황과 교구장, 주교가 정식으로 직무를 인수받는 취임 의식.

서울대교구장 자리에 앉았다. 그러자 서울대교구 사제 백이십 명이 한 줄로 걸어 나와 나에게 순명 서약을 했다. 백발이 성성한 여든 살이 넘은 원로 사제들이 맨 먼저 마흔일곱 살인 새파란 나에게 무릎을 꿇고 순명을 서약하는 그 순간, 나는 어찌할 바를 몰랐다. 나는 그분들보다 더 몸을 굽히고 서약을 받았다.

서울대교구 교구장에서 물러난 후에도 어디를 가다 명동 부근을 지나치게 되면 나도 모르게 목을 쭉 빼고 성당 쪽을 쳐다보게 된다. 삼십 년 동안 살던 집과 같은 곳인데 당연한 것이었다.

'내가 저기서 삼십 년을 살았구나.'

나는 서울대교구 교구장에 취임해서 서울에 정을 붙이려고 한동안 무던히 애썼다. 사실 정이 잘 붙지 않아 적응하기가 힘들었다. 하지만 겉으로는 잘 적응하는 척했다. 아니, 잘 적응하려 노력했다.

서울대교구장이 되자 몇 가지 달라진 게 있었다. 그전에는 볼일이 있어 서울에 올라오면 잠잘 곳이 마땅치 않아 정동 프란치스코 회관에 가서 숙박비를 내고 잠자리를 얻었다. 하지만 이제는 서울 한복판에 큼지막한 집을 얻어 잠자리 걱정을 덜었으니 나에게는 너무나 큰 변화였다.

하지만 신부들이 나를 슬슬 피하는 건 내가 원하지 않았던 변화였다. 매일 얼굴을 맞대고 살 때는 그러지 않았는데 교구청 신부들은 사제 모임에 참석하거나 식사 자리에 가면 내 옆에 오는 걸 꺼려하는 눈치였다. 물론 어려워서 그러려니 하고 이해했지만 어떨 때는 이런 생각이 들었다.

'내가 무슨 몹쓸 전염병에 걸린 것도 아니고 왜 내 옆에 오지 않는 거지…….'

외톨이가 된 서운한 마음을 혼자 달랬다.

1998년 서울대교구 교구장에서 물러날 때까지 최선을 다했다. 다른 사람들이 점수를 매긴다면 겨우 낙제점을 면할 정도겠지만 나름대로는 십자가를 지고 걷는 심정으로 살았다. 힘들고 지쳐서 그 십자가를 내려놓고 싶을 때도 많았다. 특히 1970년대와 1980년대 사회 격동기의 한가운데에 있을 때 또 교회 안에서조차 압력과 비난이 쏟아질 때는 한 사제로서 감수해야 하는 고통을 말로 표현하기 힘들었다. 한때는 교황님에게 올리는 서울대교구장직 사표를 쓰고 찢기를 몇 번이나 반복했는지 모른다.

"주님, 어떻게 하는 게 좋을까요?"

편지를 찢어 버리고 나면 혼자 성당에 들어가서 물었다. 그럴 때마다 나를 사랑해 주는 분들의 기도와 격려가 큰 힘이 되었다. 덕분에 주님께서 주신 십자가를 벗어던지지 않고 질질 끌고라도 갈 수 있었다.

가장 어린 추기경

'나도 순교할 수 있을까? 순교자들처럼 피와 살이 튀는 끔찍한 고문을 받으면서도 하느님을 배반하지 않겠다고 외칠 수 있을까?'

순교도 하느님 은혜인 것 같다는 생각이 들었다. 지금 상상해 보면 아픈 것을 잘 참지 못하는 나는 그 고문과 어마어마한 고통을 이겨 낼 수 있을지 모르겠다. 그러나 그런 순간이 닥치면 하느님 은혜를 청하는 수밖에 없을 것 같다.

2014년 8월 16일 서울 광화문 광장에서 열린 프란체스

코 교황의 '124위* 순교자' 시복식은 한국 천주교회 역사상 세 번째 시복식이었다.

시복이란 로마 가톨릭교회에서 신앙과 덕행으로 공경할 만한 사람에게 '복자'라는 칭호를 주는 것이다. '복자'는 성인의 전 단계인데 시복식이라는 절차를 거쳐 로마 가톨릭의 공식 검증을 받아 '성인'으로 추대되기도 한다.

선종 후 오 년 유예 기간을 거쳐 현 교황의 최종 승인을 받은 뒤 시복식에 이어 시성식을 거치면 '성인'으로 추대된다. 시복식은 '악마의 변호인 제도'라 할 정도로 후보자가 복자나 성인이 될 수 없는 이유를 조사하는 심사 절차가 매우 까다롭다.

한국 천주교의 첫 시복식은 일제 강점기인 1925년 79위가, 두 번째 시복식은 제2차 바티칸 공의회 직후인 1968년에 로마 성 베드로 대성당에서 24위가 시복되었다. 시복식 두 번 모두 로마에서 열렸다.

1968년 10월 6일은 한국 교회에 큰 축복이 내린 날이다. 이 시복식에는 한국 대표단 백서른여섯 명이 함께했

---
* 높고 귀한 자리. '124위 순교자'란 124명의 순교자를 말한다.

다. 서독에 파견된 간호사 예순다섯 명과 유럽에 유학 온 천주교 신자, 시복될 남종삼의 후손 일곱 명도 함께였다.

그때 한국 대표단은 전세기를 타고 로마까지 갔다. 국내에는 전세기가 없어 알이탈리아항공 전세기가 서울까지 와서 한국 대표단을 싣고 갔다. 우리나라에서 민간인이 전세기를 탄 것은 아마도 그때가 처음이었을 것이다.

전혀 예상하지도 않았는데 시복 미사 집전의 영광이 나에게 주어졌다. 나는 "성부와 성자와 성령의 이름으로. 아멘."이라고 외우는 기도문인 성호경과 미사 가운데 "평화가 여러분과 함께."라는 말을 우리말로 하였다. 많은 나라 신자들 앞에서 우리말로 말하니 기분이 이상했다.

교황 바오로 6세는 미사가 끝나고 오후에 베드로 대성전에 입장해 24위 시복을 선포했다. 시복식과 교황 바오로 6세의 특별 연설은 영어와 이탈리아 어, 불어, 독어, 스페인 어 이렇게 다섯 나라 언어로 중계됐다. 미사 마지막에 교황청 합창대가 한국인 신부들이 작사 작곡한 '복자찬가'를 부르자 한국인 참가자들은 감동의 울음을 터뜨리기도 했다.

1969년 2월, 회의가 있어 로마에 갔다가 미국을 거쳐 3월 말쯤 일본에 도착했다. 그때는 미국에서 한국에 들어가려면 일본을 거쳐야 했다.

후지산 자락에 있는 작은자매회 수녀원에 가서 하룻밤 신세를 지고 다음 날 서울행 비행기를 타기 위해 아침 일찍부터 서둘렀다. 장익 비서 신부와 가방을 들고 나서려는데 전화벨이 울렸다.

"이상하다. 나한테 올 전화가 없는데……."

나는 중얼거리면서 수화기를 들었다. 전날 찾아뵌 게페르트 신부님이었다.

"김 대주교, 추기경이 되었어요."

"네? 그게 무슨 말씀이세요?"

"교황님께서 김 대주교를 추기경으로 임명하셨어요. 축하해요."

"농담 마세요!"

"신문에 이름이 났다니까요."

나는 수화기를 들고 한동안 멍하니 서 있었다.

"정말 불가능한 일이야."

수화기를 내려놓고 내뱉은 첫마디였다. 상상해 본 적 없는 일이었다. 넋을 놓고 있는 내게 장 신부가 걱정스런 눈빛으로 무슨 일이냐고 물었다.

"허허, 장 신부 내가 추기경이 됐다네."

나는 장 신부를 바라보며 잠시 머뭇거리다가 겨우 한마디 했다.

수녀원에서 400미터쯤 걸어서 성심수녀원까지 갔다. 그곳에서 교육을 받고 있는 한국 수련자들 얼굴이라도 보고 갈 참이었다. 그런데 그곳에 있는 일본 수녀와 한국 수련자들이 어떻게 알았는지 꽃다발까지 안겨 주면서 축하해 주었다.

축하를 받고 얼떨떨한 기분으로 김포 공항에 도착했다. 그런데 노기남 대주교님과 주한 교황대사 로톨리 대주교님 등 삼백 여 명이 나를 기다리고 있었다. '우리의 영광, 김수환 추기경 탄생'이라는 현수막을 들고 서 있는 신자들을 보고 나서야 조금 실감할 수 있었다. 한국 가톨릭교회는 외신 보도로 내가 추기경이 되었다는 사실을 알았다고 했다.

게페르트 신부님이 출발 직전에 전화를 해 주어서 다행이었다. 내가 추기경이 된 줄 모르고 공항에 내렸더라면 웃지 못할 일이 벌어졌을 것이다.

추기경은 교황 다음가는 고위 성직자다. 추기경 임명 통보를 받는 순간 한국 가톨릭교회가 세계 가톨릭교회에서 인정받았다는 사실이 가장 기뻤다. 나는 순교자들의

도움과 신자들의 희생과 봉사에서 비롯된 것이라고 믿었기에 감사 기도를 하지 않을 수 없었다.

아시아에서는 중국에서 추기경이 가장 먼저 탄생했고, 이어서 인도, 일본, 필리핀, 인도네시아 순으로 추기경이 나왔다. 드디어 한국 가톨릭교회에서도 추기경이 나온 것이다. 서울대교구 성직자들과 신자들뿐 아니라 지방 교구

에서도 함께 기뻐했다.

 임명된 후에 '추기경이 뭐 하는 사람인가' 하고 가톨릭 교회 법전을 보았다. 달라진 점은 복장이 순교의 피를 상징하는 붉은색으로 바뀌는 것과 일부 봉쇄 수도원*에 자유롭게 출입할 수 있는 것 정도였다.

 추기경이 되는 예식 행사는 로마에서 거행되었다. 나와 함께 추기경에 임명된 서른세 명은 교황 특사가 들고 온 임명장을 받았다. 새 추기경들이 대성전**에 줄지어 입장할 때 길 양옆에서 박수를 치던 사람들 중에 나를 보고 깜짝 놀라는 이들이 많았다. 연세가 지긋한 새 추기경들 속에 마흔일곱 살 동양 사람이 끼어 있었으니 그럴 만도 했다. 나는 그때 가장 나이가 어린 추기경이었다.

---

* 바깥세상에 드나들 수 없는 수도원.
** 역사, 예술, 신앙 면에서 중요성이 인정되는 성당에 붙여진 칭호. 교황이 특전을 부여한다. 성 베드로 대성전을 포함해 현재 네 개가 있다.

가난한 사람들과 함께

1981년 5월 3일 마더 테레사 수녀님이 한국을 방문했다. 나는 그날 오후 공항으로 수녀님을 마중 나갔다. 그런데 공항에 어찌나 사람들이 많이 몰렸는지 생각지도 못하게 경호원 노릇을 해야 했다. 일흔 살이 넘은 데다 150센티미터의 조그마한 테레사 수녀님이 다칠까 봐 수녀님을 감싸 안다시피 하고 공항을 빠져나갔다. 그런 내 모습을 보고 한 신문 기자가 기사에 '보디가드 김 추기경'이라고 썼다.

테레사 수녀님은 한국에 머문 삼박 사 일 동안 우리의

가슴에 '사랑의 불'을 놓았다. 가는 곳마다 감동적인 연설로 헐벗고 굶주린 이들에 대한 사랑을 힘주어 말했다.

  1979년에 노벨 평화상을 받은 뒤부터 '살아 있는 성녀', '빈자의 어머니'로 한국에서도 존경받았기에 신문과 방송사 취재 경쟁도 대단했다. 기자들은 수녀님 말씀을 한 마디도 놓치지 않고 보도하며 전국에 사랑의 메시지를

전달했다.

    테레사 수녀님은 한국 첫 방문이었다. 하지만 나는 호주 멜버른 세계성체대회에서 그분의 명성과 열정을 확인한 적이 있다. 그때 야외 강연회에서 들은 생명 존중 메시지는 오래도록 잊혀지지 않았다.

테레사 수녀님은 서강대학교 강연회에서 이런 말을 하셨다.

"굶주림은 먹을 것에 대한 굶주림만을 뜻하는 건 아닙니다. 헐벗음은 옷을 걸치지 못한 것만을 뜻하는 게 아닙니다. 사랑에 대한 굶주림과 인간 존엄성이 벗겨진 헐벗음이야말로 현대를 사는 우리 모두가 걱정하고 해결해야 할 중요한 과제입니다."

테레사 수녀님은 오랜 시간을 굶주리고 헐벗은 사람들 속에서 가난하게 살았다. 나도 항상 가난한 사람들과 함께 사는 것을 꿈꿨기에 수녀님의 삶에 더욱 관심이 갔다. 수녀님은 가난한 이들 가운데 계신 하느님을 보았기 때문에 그들과 함께할 수 있었다고 했다.

언젠가 우리나라에서 오십여 년 간 가난한 이들을 위해 살아오신 기후고 신부님 병문안을 갔을 때 일이다. 병간호하는 아주머니가 기 신부님이 평소 입으시는 속옷을 옷장에서 꺼내 보여 주었다. 구멍이 숭숭 뚫린 데다 신부님이 직접 바느질했는지 엉성하게 꿰맨 흔적이 여러 군데 있었다.

　기 신부님의 속옷은 나에게 깊은 감명을 주었다. 수도자로서 물질적 풍요로움과 욕망을 벗어나 하느님께 의지하여 정결하고 욕심이 없어 가난해야 한다는 복음적 청빈의 상징처럼 느껴졌기 때문이다. 그러나 한편으로는 몹시 부끄러웠다.

　'나는 말할 것도 없고 한국의 어느 신부가 그분처럼 낡은 속옷을 입어 본 적이 있겠는가?'

　나는 서울대교구장으로 있으면서 '신앙과 생활이 과연 복음적인가?'라는 질문을 스스로에게 자주 던지곤 했다. 하지만 언제나 그 대답은 '아니다'에 가까웠다. 특히 사제로서 지향해야 할 복음적 청빈 생활에는 분명하게 '아니다'였다. 좋아하는 설교 주제 가운데 하나가 복음적 청빈인데도 말이다.

　주교관 집무실에 앉아 있을 때면 나는 종종 이런 생각을 했다.

　'주교관을 떠나서 가난한 사람들 속에 들어가 살 수는 없을까?'

가난한 사람들과 함께 살고 싶은 열망에 몸살을 앓았던 본당 신부 시절이 그리워서 더 그랬다. 높은 자리라는 게 간혹 창살 없는 감옥처럼 느껴질 때가 있었다. 그럴 때마다 가난한 사람들과 웃고 울었던 본당 사목 시절을 떠올리면서 답답한 마음을 달랬다.

1970년대 중반쯤 '파란 눈의 신부'로 잘 알려져 있는 정일우 신부님과 제정구 의원은 양평동 철거민들을 이끌고 경기도 시흥시 신천리라는 곳으로 이주했다. 그것은 마치 모세가 이스라엘 백성을 데리고 가나안 땅*을 찾아가는 여정과 같았다.

정 신부님은 정착촌인 경기도 시흥시 복음자리 마을에 내 방을 마련해 주었다. 그러나 그곳에 여러 번 가 보기는 했지만 자고 온 적은 한 번도 없다. 공동 화장실을 사용해야 하는 것부터 불편한 게 한두 가지가 아니라 정 신부님이 자고 가라고 권할 때마다 슬금슬금 꽁무니를 뺐기 때문이다.

---

* 하나님의 백성이 최종적으로 들어가게 될 '하나님의 나라' 곧 '천국'을 상징하는 곳이다.

동대문 평화시장에 있는 준본당*에 사목 방문차 갔던 적이 있다. 그곳 신부님과 신자들이 나에게 시장 구경을 시켜 준다고 삼십 분 남짓 끌고 다녔는데 나는 정신이 없었다. 비좁고 공기가 탁한 시장 통에서 삶을 꾸려 가는 상인들, 또 시장을 성당처럼 여기고 사목하는 신부님이 정말 대단해 보였다.

생각해 보니 가난한 사람들과 살고 싶다는 꿈만 꾸었지 실행에 옮기지 못한 이유는 추기경이라는 직책 때문이 아니라 용기가 없기 때문이었다. 예수님처럼 자신을 낮추고 비우지 못했음을 자책하지 않을 수 없었다.

잠시였지만 가난한 사람들 속에 들어가 머문 시간은 행복했다. 성탄 전야에 산동네와 소규모 사회 복지 시설 같은 곳에 기쁜 마음으로 찾아간 이유이기도 했다. 또 그들에게 보탬이 될 것 같으면 어떻게 해서든지 도와주려고 노력하면서 살았다.

나는 '예수의 작은 자매들의 우애회' 수녀들이 가난한

---

* 특별한 사정으로 아직 본당으로 설립되지 않아 본당 신부가 거주하지 않는다. 하지만 본당에 준하는 지위를 가지며 종종 손님 신부가 머무는 곳.

사람들을 돌보며 살아가는 난지도 쓰레기 매립장*에도 몇 번 간 적이 있다. 쓰레기를 줍는 사람들의 꺼칠한 손을 잡아 줄 때는 그들을 위로하는 게 아니라 내가 위로받는 기분이 들었다.

---

* 1978~93년까지 서울특별시에서 배출되는 쓰레기를 매립처리하던 곳.

김수환 추기경의
못다 한 이야기

- 하늘나라로 보내며
- 마지막 말씀
- 인터뷰
- 연표

김수환 추기경을 하늘나라로 보내며

 2009년 2월 16일 오후 6시 12분 큰 별이 떨어졌다.
 고통받고 슬퍼하는 이들을 감싸 안고 함께 울어 주던 큰 별. 우리 사회가 혼란에 빠질 때마다 올바른 길로 이끌어 준 김수환 추기경이 무거운 십자가를 내려놓고 여든일곱 살에 하느님과 그리운 어머니 곁으로 갔다.
 "나는 많은 사랑을 받았습니다. 고맙습니다."라는 말을 남기고 편안히 눈을 감았다. 김수환 추기경을 추모하는 행렬이 몇 날 며칠을 명동성당을 돌고 돌았다.
 김 추기경을 오랫동안 보좌한 율리안나 비서 수녀는 "추기경님, 좋으시겠어요. 이제 곧 그토록 뵙고 싶어했던 하느님과 어머님을 만나시잖아요."라며 눈물로 배웅했다.
 김 추기경의 십자가는 참으로 무거웠을 것이다. 마흔여섯 살에 서울대교구장에 올라 교구를 이끄는 동안 시대의 기쁨과 희망, 슬픔과 고뇌까지 온몸으로 껴안았기에 더더욱 무거웠으리라 생각된다. 민주화 운동으로 하루도 조용한 날이 없던 1970년대부터 1980년대에는 날마다 홀로 십자가 앞에서 "이 상황에서 제가 어떻게 해야 합니까?"라고 물으며 외로이 십자가를 지고 묵묵히 걸었다.

마지막 순간까지 병고의 십자가도 기쁘게 받아들였다. 김 추기경은 병상에서 "인위적으로 생명을 연장하는 건 하느님 뜻에 맞지 않아요."라고 의료진에게 누누이 일렀다. 병문안 오는 사람들에게는 언제나 유머로 큰 웃음을 안겨 주었다.

서울대교구장 정진석 추기경은 애도사에서 말했다.

"노환으로 고통을 받으시면서도 마지막 순간까지 미소와 인간미를 잃지 않으셨다. 추기경께서 마지막 순간까지 세상을 향해 외쳤던 메시지는 사람들에 대한 사랑과 그리스도의 평화와 화해였다."

또한 하느님을 삶의 중심에 두고 '너희와 모든 이를 위하여(김수환 추기경 사목 표어)' 자신의 모든 걸 내어 준 그리스도를 닮은 목자였다. 김 추기경은 최후 순간에 자신의 육신마저 '너희와 모든 이를 위하여' 내놓았다. 서울 세계성체대회에서 약속한 대로 떠나면서 앞을 못 보는 두 명에게 각막을 기증했다.

김 추기경은 평소 "평화는 내가 남에게 '밥'이 되어 줄 때 이루어진다"고 강조했다. 김 추기경은 탐욕과 분열의 수렁에 빠져 허우적거리는 우리 사회에 그 메시지를 전하기 위해 자신의 몸을 내놓았다.

김수환 추기경의 마지막 말씀

하느님 사랑과 은총에 감사 또 감사.

내 나이 여든다섯 살. 여생이 얼마 남지 않았다. 자연히 과거를 되돌아보게 된다.

66년 전인 1941년, 일본 상지대학에 갔을 때 학생 기숙사 사감이셨던 피스터 신부님은 나에게 행운아라고 하셨다. 처음에는 그 말을 알아듣지 못했다. 하지만 돌아보니 그 말씀 그대로 나는 정말 많은 시련과 우여곡절에도 다른 이들에 비해 여러 가지 의미로 행복한 인생을 살아왔다.

하느님은 자신을 따르기 위해 부모와 집 모든 걸 떠난 사람은 현세에서 박해도 받겠지만 백배의 축복을 받고 내세에서는 영원한 생명을 얻는다고 하셨다.

이 말씀 그대로 본래는 다른 길을 가려다 주님께서 어머니를 비롯해 이런저런 분들을 통해 일러 주신 사제의 길을 살아온 나는 현세적으로도 백배, 아니 그 이상의 상을 받았다. 그리고 곧 맞이할 죽음을 거치면 부족하고 자격도 없는 나이지만 모든 걸 용서하는 자비 지극하신 하느님은 당신의 그 영원한 생명으로 나를 받아 주실 것이다. 하느님 안에서 하느님이 누리시는 생명, '죽음이 없고 슬픔도, 울부짖음도, 괴로움도 없는' 그 생명으로 인도해 주실 것이다.

아, 이 얼마나 큰 은총인가?

카를로 카레토 수사는 하느님께서는 당신을 믿는 사람은 짓이겨서라도 기어이 당신 것으로 만드신다고 했다. 내 경우도 어느 정도 그러했다. 신부되는 것을 스스로 원한 건 아니었지만 될 수밖에 없도록 인도하셨고 주교와 추기경의 삶은 명령으로 떨어졌고, 여기에 따르는 긴 세월의 삶이 단순하지 않았다. 몇 번이나 도망치고 싶을 때가 있었다. 십자가를 벗어던지고 싶었다. 그러나 결단의 용기를 내지 못했다. 결국 "뜻대로 하소서" 하고 받아들일 수밖에 없었다.

생각해 보면 나는 죄인이다. 허물이 많은 사람이다. 하느님 앞에서는 고개도 들 수 없는 대죄인이라 해도 과언이 아니다.

그럼에도 하느님은 오히려 이런 죄와 허물을 통해서 당신의 사랑과 당신의 자비와 당신의 그 풍성한 용서의 은총을 깨닫게 해 주셨다.

달리 말하면 나는 죄로 말미암아 자비 지극하신 하느님 사랑을 더 깊이 깨닫고 믿게 되었다. 아니, 하느님은 죄까지도 당신 은총의 기회로 삼으셨다. 나의 하느님은 참으로 돌아온 탕자를 껴안아 주시는 어진 아버지다.

오, 펠릭스 쿨파!(오, 복된 탓이여!)

이제 나는 나를 이렇게까지 큰 은총으로 축복해 주시는 하느님께 감사, 또 감사를 드리고, 또 드려야 할 것이다. 그리고 여생이 얼마일지 알 수 없으나 이제는 진실로 하느님 영광을 위해 모든 걸 바치는 삶을 살아야 할 것이다. 내 표어 '너희와 모든 이를 위하여' 대로 성체성사의 주님처럼 생명의 빵이 되는 삶, 모든 이의 '밥'이 되는 삶을 살아야 한다. 하느님이 뜻하시는 대로, 살아 있는 그리스도의 모습으로 살아야 할 것이다.

하느님 아버지, 진심으로 감사드립니다. 온 마음을 다해, 정성을 다하고 힘을 다해, 나의 모든 걸 바쳐서 주님께 감사와 찬미를 드립니다.

주님께 영광 있으소서. 아멘.

김수환 추기경과의 인터뷰

✤ **살아오면서 가장 잘했다고 생각하는 일은 무엇인가요?**
신부가 된 것. 어머니에게 등 떠밀려 신학교에 들어가기는 했지만.

✤ **신부 외에 꼭 해 보고 싶었던 것은 무엇인가요?**
결혼해서 처자식과 오순도순 살면 얼마나 좋을까 하는 생각을 해 보았다. 굴뚝에서 저녁밥 짓는 연기가 모락모락 피어오르는 시골 오두막집. 얼마나 정겨운 풍경인가.

✤ **사제직 외에 동경한 것이 있나요?**
코흘리개 시절 꿈은 읍내에 점포를 차려 돈을 버는 것이었다. 그런데 장사를 안 하길 잘했다. 나 같은 사람은 허구한 날 사기를 당해 알거지가 되기 십상이다. 오케스트라 지휘자도 동경했다. 유학 시절, 오스트리아에서 서정길 대주교님 병간호를 할 때 값싼 입석표를 끊어 음악회에 자주 갔다. 열정적으로 지휘봉을 휘두르는 지휘자의 손끝에서 선율이 흘러나오는 것 같아 넋을 잃고 보았다. 많은 어휘를 함축해 아름답게 표현하는 시인도 부럽다.

❈ **좋아하는 시는?**

윤동주의 「별 헤는 밤」.

특히 '별 하나에 추억과 / 별 하나에 사랑과 / 별 하나에 쓸쓸함과' 이 대목을 좋아한다. '죽는 날까지 하늘을 우러러 / 한 점 부끄럼이 없기를'로 시작되는 「서시」도 참 좋은 시이지만 감히 읊을 생각은 못 했다. 하늘을 우러러 부끄러운 게 많아서 그런 것 같다.

❈ **좋아하는 시 한 편 읊어 주세요.**

'가을엔 편지를 하겠어요 / 누구라도 그대가 되어 받아 주세요 / 낙엽이 쌓이는 날 / 외로운 여자가 아름다워요'. 고은 시인의 「가을 편지」다.

❈ **좋아하는 노래는 무엇인가요?**

온 국민의 애창곡 〈사랑해 당신을〉. 예전에는 〈저 별은 나의 별〉을 자주 불렀는데 앙코르를 받으면 〈등대지기〉를 이어 부르곤 했다.

❈ **별과 등대는 어둠 속 길잡이라는 공통점이 있는 것 같다. 특기는 무엇인가요?**

신학생 시절에 장기를 제법 잘 두었다. 덕분에 오징어를 자주 얻어먹었다. 화투는 고스톱보다 육백을 좀 쳤다. 저녁 식사 후, 명동성당 구내를 산책하다 가톨릭회관에 붙어 있던 성모병원 간호수녀님들 방에 들러 가끔 쳤다. 할머니 수녀님 한 분이 그걸 꽤 좋아하셨다.

✠ 십자가와 성서를 제외한 애장품은?

성 김대건 신부님 성인의 유골 일부분, 성모상, 칫솔, 면도기 그리고 이십 년 넘게 차고 있는 손목시계.

✠ 운전을 잘한다면 지금 차를 몰고 가고 싶은 곳은?

특별히 가고 싶은 곳은 없다. 젊었을 때 그런 질문을 받았다면 대답할 곳이 많았을 텐데…….

✠ 장거리 비행이 가능하다면 어느 나라를 가고 싶은지?

뉴질랜드. 공기가 맑고 경치가 좋다. 언젠가 한 번 갔을 때 다음에 또 오겠다고 했는데 그 약속을 지키지 못하고 있다.

✠ 하느님께서 단 하루만 허락하신다면?

'하루는 너무 짧습니다.' 하고 하소연해야 하나? 아니다. '하느님, 제가 당신을 배반하지 않게 해 주십시오. 당신 사랑을 믿으며 당신 품에 들게 해 주십시오.' 하고 기도하겠다.

✠ 하늘나라에서 어머니를 만나면 가장 먼저 하고 싶은 말은?

고맙습니다. 어머니가 저를 사제의 길로 인도해 주셔서 한평생 잘 살다가 왔습니다. 속상하고 힘들었던 일도, 털어놓고 싶은 것도 좀 있기는 하지만.

✠ **가장 가깝게 지내는 사람은?**
삼십 년 가까이 내 발이 되어 준 운전기사 김형태 형제. 성실하고 운전을 잘하고 마음씨가 곱다.

✠ **추기경 김수환은 (　　)다. 괄호 안에는 무엇이 들어가면 좋겠는지?**
추기경 김수환은 바보다. 하느님은 위대하시고 사랑과 진실 그 자체인 걸 잘 알면서도 마음 깊이 깨닫지 못하고 사니까.

✠ **하늘나라에 갔을 때 하느님이 잘못을 지적하며 꾸짖으신다면?**
'그래도 좀 억울합니다.' 하고 항변을 해야 하나. 하느님은 인자하신 분이니까 모든 허물을 덮어 주실 것이라 믿는다.

✠ **22세기 사람들이 추기경 김수환을 어떻게 기억해 주길 바라나?**
글쎄. 못난 사람이라고 기억하지 않을까? 훌륭하지는 않아도 조금 괜찮은 구석이 있는 성직자로 기억해 주길 바라는 마음이 있기는 하다.

✠ **묘비에 남기고 싶은 말은?**
"주님은 나의 목자, 나는 아쉬울 것 없어라."

김수환 추기경 연표
金壽煥, 1922. 5. 8(음)~2009. 2. 16(양)

- 1922년 5월 8일(음력/양력 7월 2일) 대구시 남산동 225-1에서 김영석(요셉)과 서중하(마르티나)의 5남 3녀 중 막내로 출생
- 1929년 군위 보통학교 입학
- 1933년 대구 성유스티노 신학교 예비과 입학
- 1935년 서울 동성상업학교(지금의 서울 동성고등학교) 을조(소신학교) 입학
- 1941년 3월 서울 동성상업학교 졸업
- 1941년 4월 일본 도쿄 상지대학 입학
- 1942년 9월 일본 도쿄 상지대학 문학부 철학과 진학
- 1944년 1월 제2차 세계 대전으로 학업 중단, 학도병 입대
- 1946년 12월 귀국
- 1947년 9월~1951년 6월 성신대학(지금의 가톨릭대학 신학부 신학 전공)
- 1951년 9월 15일 사제가 됨, 대구교구 안동본당(지금의 대구대교구 목성동주교좌본당) 주임
- 1953년 4월 대구교구장 비서(~1955년 5월), 교구 재경부장, 해성병원 원장
- 1955년 3월 모친상
- 1955년 6월~1956년 7월 대구교구 김천본당(지금의 대구대교구 황금동본당) 주임
- 1955년 10월~1956년 3월 성의중·고등학교 교장
- 1956년 10월~1963년 11월 독일 유학, 뮌스터대학교 대학원 신학과 사회학 전공
- 1964년 6월~1966년 4월 가톨릭시보사(지금의 가톨릭신문) 사장
- 1966년 5월 31일 주교가 됨, 마산교구 교구장 착좌식(성지여중·고등학교)
- 1967년 6월 28~30일 주교회의 매스컴위원회 위원장에 선임
- 1967년 9월 29일~10월 29일 세계주교대의원회의에 한국 대표로 참석
- 1968년 4월 9일 서울대교구 교구장에 임명
- 1968년 5월 29일 서울대교구 대주교가 됨, 제12대 서울대교구 교구장 착좌식
- 1968년 10월 6일 한국 병인 순교자 24위 시복식 참석(성 베드로 대성전)

- 1969년 4월 28일 교황 바오로 6세에 의해 추기경이 됨
- 1969년 6월 22일 침묵의 교회를 위한 주일 특별 기도 호소
- 1970년 5월 28일 순교자 유해 발굴, 명동성당 내 지하성당 이관 참석
- 1970년 10월~1975년 2월 한국천주교주교회의 의장(1차)
- 1971년 9월 16일 성 김대건 신부 순교 125주년 기념 미사(절두산)
- 1972년 5월 14일 성 김대건 신부 동상 제막식(절두산)
- 1972년 8월 9일 7·4 남북 공동 성명과 8·3 긴급 조치에 대한 교회의 입장을 밝히는 〈현 시국에 부치는 메시지〉 발표
- 1972~1973년 아시아천주교주교회의 구성 준비 위원장
- 1973년 10월 13일 엠네스티국제위원회 명예총재단 한국 대표로 선출
- 1974년 7월 9일 중앙정보부에서 지학순 주교 접견
- 1974년 7월 10일 지학순 주교 구속 사태에 관해 박정희 대통령 면담
- 1975년 2월 18일 지학순 주교 출감 환영 및 인권 회복 기도회
- 1975~1998년 평양교구 교구장 서리 겸임
- 1976년 8월 1~8일 제41차 세계성체대회 참석(미국 필라델피아)
- 1977년 4월 7일 철거 앞둔 복음자리에서 마지막 미사
- 1977년 7월 15일 103위 순교 복자화 봉헌식(혜화동성당)
- 1977년 11월 11~18일 기아 대책 및 인간 발전을 위한 가톨릭위원회 회의 참석(프랑스)
- 1977년 12월 5일 평양교구 50돌 기념 미사 강론(명동성당)
- 1978년 천주교정의평화위원회 주최 교권 수호를 위한 기도회 참석(명동성당)
- 1978년 10월 4일 교황 요한 바오로 1세 장례식 참석(바티칸)
- 1978년 10월 22일 교황 요한 바오로 2세 즉위식 참석(바티칸)
- 1979년 11월 3일 박정희 대통령 장례식 참석
- 1980년 1월 23일 군종후원회 창립 10주년 기념 미사
- 1980년 5월 23일 광주 민주화 운동 관련 서한 발표
- 1980년 7월 22일 시국 담화문 발표
- 1981년 5월~1987년 11월 한국천주교주교회의 의장(2차)
- 1981년 5월 3일 테레사 수녀 방한
- 1981년 10월 18일 조선교구 설정 150주년 기념 신앙 대회
- 1982년 3월 31일 전두환 대통령 면담, 부산 미 문화원 방화 사건 관련자에 대한 고문 금지와 법률적 지원 보장 요청
- 1982년 8월 28일 독립기념관 준비 위원으로 위촉

- 1984년 5월 5일 한국 천주교회 200주년 기념 신앙 대회 및 103위 시성식(여의도 광장)
- 1986년 2월 22일 서울대교구 모든 본당에 '정의와 평화를 간구하는 9일 기도' 요청
- 1986년 7월 12일 여의도 성모병원 개원·축복식
- 1986년 동아일보 주최 '올해의 인물'로 선정
- 1987년 1월 26일 박종철 군 추모 미사
- 1988년 9월 20일 사후 안구 각막 기증 서약
- 1989년 제44차 세계성체대회 장엄 미사(여의도 광장)
- 1990년 4월 15일 평화방송 개국 축하 메시지 발표
- 1991년 5월 15일 〈노동헌장〉 반포 100주년 기념 미사
- 1991년 11월 28일 우리 밀 살리기 운동 위원회 발기인 대회
- 1992년 1월 1일 평화방송 대담 프로그램에 출연해 방북 의사 표명
- 1992년 6월 26일 한국사형폐지운동협의회 고문 추대
- 1994년 4월 24일 외국인 노동자를 위한 최초의 미사(명동성당)
- 1994년 12월 9일 서울구치소 방문, 사형수 지존파 면담
- 1995년 2월 28일 서울대교구 민족화해위원회 발족
- 1996년 3월 9일 군종 센터 축복식
- 1996년 4월 23일 독도 방문
- 1997년 3월 16일 필리핀 노동자 사목 센터 축복식 미사
- 1998년 금 모으기 범국민운동 발대식 참석(YWCA)
- 1998년 5월 22일 서울대교구장 사임 의사 표명
- 1999년 4월 20일 한반도 평화를 위한 동북아시아평화회의 참석
- 2000년 5월 27일 김천 황금성당 100주년 기념, 성전 봉헌 미사
- 2001년 5월 21~24일 제 6차 세계추기경회의 참석(바티칸)
- 2001년 6월 27일 팔순 및 전집 출판 기념 미사
- 2002년 11월 22일 '옹기장학회' 발족식
- 2003년 2월 7일 생명 수호 미사, 생명 31 선포식(명동성당)
- 2003년 3월 17일 옹기장학생 선발자 4명 첫 장학금 수여(혜화동 주교관 집무실)
- 2004년 6월 13일 필라델피아 한인성당 30주년 미사
- 2004년 10월 21일 예수회 한국 진출 40주년 미사(대전 성모여중·고등학교)
- 2005년 4월 8일 교황 요한 바오로 2세 장례 미사(바티칸)

- 2005년 4월 24일 교황 베네딕토 16세 즉위 미사(바티칸)
- 2006년 2월 22일 정진석 새 추기경 임명 발표 축하(서울대교구 교구청 주교관)
- 2007년 8월 21일 강원용 목사 장례식 참석
- 2007년 2월 9일 제 15차 세계 병자의 날 축사
- 2007년 10월 18일 서울 동성고등학교 100주년 기념 특별 전시회 개막식, 드로잉 14점 출품
- 2009년 2월 16일(양력) 오후 6시 12분 선종

✱ **상훈**
- 1970년 국민훈장 무궁화장
- 2000년 제13회 십산상(성균관대학교)
- 2000년 제2회 인제인성대상(인제대학교)
- 2001년 대십자 공로훈장(독일)

✱ **명예박사학위**
- 1974년 2월 서강대학교 명예문학박사
- 1977년 5월 미국 노틀담대학교 명예법학박사
- 1988년 11월 일본 상지대학교 명예신학박사
- 1990년 5월 고려대학교 명예철학박사
- 1988년 11월 일본 상지대학교 명예신학박사
- 1990년 5월 고려대학교 명예철학박사
- 1990년 10월 미국 Seaton Hall대학교 명예법학박사
- 1994년 5월 연세대학교 명예신학박사
- 1995년 6월 타이완 Fu Jen 가톨릭대학교 명예철학박사
- 1997년 7월 필리핀 Ateneo대학교 명예인문학박사
- 1999년 서울대학교 명예철학박사